Ruth Laing

Farbwelten mit Stoff

Wohnräume farbig anziehen

Farbwelten mit Stoff

Inhaltsverzeichnis

Vorwort

Das Buch „Farbwelten mit Stoff" bietet Ihnen eine Vielzahl an farbig-kreativen Ideen rund ums Thema Nähen, Basteln und Dekorieren sowie kleinere Arbeiten aus Holz. Wie der Titel bereits sagt, steht hier der Aspekt der Farbgestaltung im Vordergrund. Sie erfahren Grundlegendes über Farben und deren Wirkungsweise und nützliche Tipps, wie Sie bei der Renovierung eines Raumes vorgehen können, damit die von Ihnen genähten oder gebastelten Sachen bestmöglich in Szene gesetzt werden.

Beispielhaft gezeigt wird das anhand konkreter Räume – jeder von ihnen mit einem ganz eigenen, individuellen Farbkonzept: von der Wand über den bezogenen Sessel bis hin zu dekorativen Accessoires. Für jede kreative Idee gibt es eine detaillierte Arbeitsanleitung, die Sie Schritt für Schritt zum Erfolg führen wird. Im Anhang finden Sie zusätzlich Zeichnungen, die schwierige Arbeitsschritte nochmals erklären.

Alle im Buch vorgestellten Projekte sollten Sie als Inspirationsquelle ansehen und als Basis zur Umsetzung Ihrer eigenen kreativen Ideen nutzen. Alle Modelle können Sie natürlich auch auf andere Raumkonzepte übertragen. Sprich: Ein Kissen aus dem Schlafzimmer kann durch die Wahl eines anderen Stoffes zum Hingucker in Ihrem Wohnzimmer werden.

Seien Sie mutig, was die Farbgebung anbelangt, und lassen Sie beim Dekorieren der Räume Ihrer Kreativität freien Lauf. Schauen Sie beispielsweise während einer Renovierungsphase intensiver in Ihrem Lieblings-Bastelgeschäft oder auf dem Flohmarkt vorbei, um individuelle Accessoires für Ihr Styling zu finden, und verleihen Sie dem Ganzen so Ihre eigene Note.

Ein Zimmer „von der Stange" bekommt man überall. Ein Zimmer, welches Ihre Handschrift trägt, wird dagegen immer etwas ganz Besonderes sein, für das Sie viel Lob ernten werden.

Ich hoffe, dieses Buch bietet Ihnen eine gute Basis für die Umsetzung Ihrer Ideen.

Viel Spaß dabei! Ihre Ruth Laing

Farben und ihre

Wirkungen

Bevor Sie in Ihren Wohnräumen eigene Farbwelten schaffen, sollten Sie etwas mehr über Farben und ihre Wirkungen wissen. Nichts ist so emotional besetzt wie Farben. Sie können gefallen oder auch nicht, kräftig oder blass sein, ruhig oder lebhaft, harmonisch oder beunruhigend – üben aber immer einen bestimmten Reiz auf den Betrachter aus. Wofür wird der Raum genutzt, welche Stimmung wollen Sie erzeugen? Gefallen Ihnen Ton-in-Ton-Farbkombinationen besser oder auffällige Kontraste? Das sind nur ein paar Fragen, die Sie sich anfänglich stellen sollten, um zu einem Farb-Wohn-Konzept zu finden, in dem Sie sich wohl fühlen.

Der Farbkreis

Obwohl es nicht unbedingt notwendig ist, alles über Kontraste und Mischverhältnisse zu wissen, kann ein gewisses Grundwissen der Farbenlehre beim Zusammenstellen von Farben und Farbwelten trotzdem sehr hilfreich sein. Hierbei leistet der Farbkreis gute Dienste, da er das Beziehungsgefüge der Farben zueinander und untereinander sehr gut zeigt.

Der Farbkreis teilt sich in kalte und warme Farben. Er zeigt die Grundfarben Gelb, Rot und Blau, die nicht gemischt werden können, und die daraus entstehenden Mischfarben – die es in einer fast unendlichen Vielfalt gibt. Zum Beispiel kann Rot durch die Beimischung von kalten Farben wie Blau kühler wirken, obwohl der

Farbton an sich zu den warmen Farben zählt. Das gilt für alle Farbtöne, vor allem, wenn sie mit Weiß aufgehellt oder mit Schwarz abgedunkelt werden. Dadurch relativieren sich die Farbwirkungen schnell.

Man spricht von Farbfamilien bzw. Ton in Ton, wenn die Farben im Farbkreis nebeneinander liegen, und vom Komplementärkontrast, wenn sich die Farben im Farbkreis gegenüber stehen. Grundsätzlich gelten Ton in Ton-Farbkombinationen als harmonisch und ruhig, während Kontrastfarben sofort Aufmerksamkeit erzielen und sich in ihrer Leuchtkraft gegenseitig steigern.

Farbwirkungen

Unabhängig davon, in welchem Verhältnis die Farben zueinander (also im Farbkreis) stehen, werden den einzelnen Farbtönen in der Literatur meistens folgende Wirkungen zugeschrieben:

Rot

Rot ist die Farbe des Feuers. Sie erregt Aufmerksamkeit und steht für Vitalität und Energie, Liebe und Leidenschaft. Sie kann jedoch auch aggressiv wirken, da sie ebenso Wut, Zorn und Brutalität verkörpert. Die Nuance des Rottons ist hier entscheidend: Gedämpfte Rottöne wirken oft warm und behaglich, „schrille" Rottöne dagegen aufwühlend.

Orange

Orange ist die Farbe der untergehenden Sonne. Sie symbolisiert Optimismus und Lebensfreude und signalisiert Aufgeschlossenheit, Kontaktfreude und Jugendlichkeit, Gesundheit und Selbstvertrauen. Orange kann aber auch Leichtlebigkeit, Aufdringlichkeit und Ausschweifung vermitteln und wird oft als billig und unseriös empfunden.

Gelb

Gelb ist die Farbe der Sonne, vermittelt Licht, Heiterkeit und Freude und steht für Wissen, Weisheit, Vernunft und Logik. Gelbe Wände lassen Räume so erscheinen, als wären sie permanent von Sonnenlicht durchflutet. Schmutzige Gelbtöne dagegen vermitteln negative Assoziationen wie Täuschung, Rachsucht, Pessimismus, Egoismus, Geiz und Neid.

Grün

Grün ist die Farbe der Wiesen und Wälder und eine beruhigende Farbe. Sie steht für Großzügigkeit, Sicherheit, Harmonie, Hoffnung und Erneuerung des Lebens. Sie kann aber auch Gefühle wie Neid, Gleichgültigkeit, Stagnation und Müdigkeit vermitteln.

Türkis

Cyan, in der Umgangssprache auch Türkis genannt, ist eine frische Farbe, die an das Meer an einem sonnigen Tag erinnert. Sie vermittelt Wachheit, Bewusstheit, Klarheit, geistige Offenheit und Freiheit. Cyan kann aber auch sehr kühl und distanziert wirken und ein Gefühl von Leere vermitteln.

Blau

Blau ist eine kühle Farbe. Sie ist die Farbe des Himmels und steht für Ruhe, Vertrauen, Pflichtgefühl, Schönheit und Sehnsucht. Sie kann aber auch Traumtänzerei, Nachlässigkeit oder Melancholie vermitteln.

Violett

Violett ist würdevoll und die Farbe der Inspiration, Mystik, Magie und Kunst. Sie ist eine außergewöhnliche, extravagante Farbe, die auch mit Frömmigkeit, Buße und Opferbereitschaft in Verbindung gebracht wird. Violett kann aber auch stolz und arrogant oder unmoralisch wirken.

Pink

Magenta, im Bereich der Mode auch Pink genannt, ist eine sanfte Farbe. In der Natur erleben wir sie hauptsächlich als Blüten-Farbe. Sie steht für Idealismus, Dankbarkeit, Engagement, Ordnung und Mitgefühl. Sie hat aber auch etwas von Snobismus, Arroganz und Dominanz.

Braun

Braun ist die Farbe der Erde, von Rinde, Sand und vielen Gewürzen. Die Palette der Brauntöne reicht von ganz hellen Tönen (Sand) bis hin dunklen Erdtönen. Braun schenkt Gemütlichkeit und Sicherheit, kann aber als vorherrschende Farbe langweilig und eintönig wirken.

Weiß

Weiß ist die Farbe von Eis und Schnee. Sie ist ein Symbol der Reinheit, Klarheit, Erhabenheit und Unschuld, gilt aber auch als Zeichen von Unnahbarkeit, Empfindsamkeit und kühler Reserviertheit.

Grau

Grau ist die Farbe von Steinen und Felsen und steht für vollkommene Neutralität, Vorsicht, Zurückhaltung und Kompromissbereitschaft. Sie ist eine unauffällige Farbe, die auch mit Langeweile, Eintönigkeit, Unsicherheit und Lebensangst in Verbindung gebracht wird – aber in ihren verschiedenen Nuancen durchaus sehr spannend sein kann.

Schwarz

Schwarz ist die Farbe der Dunkelheit bzw. Lichtlosigkeit. Sie drückt Trauer und Unergründlichkeit aus und wirkt stellenweise geheimnisumwittert. Schwarz kann aber auch ein Ausdruck von Würde und Ansehen sein, hat einen besonders feierlichen, vornehmen Charakter und setzt andere Farben wirkungsvoll in Szene.

Dies sind die Wirkungen, die den Farben generell zugeschrieben werden. Das sagt aber noch nichts darüber aus, wie jeder Einzelne die Farben ganz persönlich für sich empfindet, abhängig von kulturellen, modischen oder persönlichen Gründen und aufgrund der

Tatsache, dass zu einer Farbbezeichnung viele verschiedene Farbtöne gehören. Es gibt eben beispielsweise nicht „das Blau", sondern viele verschiedene Blautöne – wobei dieser Farbeindruck durch eine farbige Umgebung noch beträchtlich verändert werden kann. Deshalb haben die Eigenschaften, die einer bestimmten Farbe zugeordnet werden, immer eine gewisse Bandbreite mit sowohl positiven wie auch negativen Aspekten. Erstaunlich ist das Phänomen, wie sich bestimmte Farben für bestimmte Anlässe im Laufe der Zeit entwickelt haben: Weiß für Hochzeiten, Schwarz für Trauer, Rot für Liebende, Blau für alles Maritime usw.

Das persönliche Farbempfinden

Das Wort „Empfindungen" deutet darauf schon hin, dass jeder Mensch Farben unterschiedlich empfindet. Fragt man beispielsweise ein Kind, wie es eine bestimmte Farbe „findet", wird die Antwort mit Sicherheit anders ausfallen als bei einem älteren Mann. Schauen Sie sich z. B. das Mädchenzimmer auf Seite 102 an. Der Türkiston der Stoffe brachte die kleine Bewohnerin innerhalb von Sekunden ins Schwärmen, das waren „ihre" Farben! Der Vater hingegen kommentierte die Farbauswahl mit folgenden Worten: „Wenn es Charlotte gefällt, dann gefällt es

mir auch." Der Unterton zeigte bereits, dass seine Farbauswahl anders ausgefallen wäre. Ein anderes, typisches Beispiel sind Rot- und Rosatöne, die oft von Männern und Frauen ganz unterschiedlich empfunden werden. Viele Frauen schwärmen für diese farbenfrohen Töne, die meisten Männer bevorzugen jedoch noch immer Grau, Blau, Braun, Beige oder ein dunkles Grün. Offenbar scheinen bestimmte Farben auf Männer und Frauen unterschiedlich zu wirken.

Dieses Zimmer begeistert vor allem junge Mädchen, die sich darin rundum wohl fühlen.

Grün ist eine beruhigende Farbe – und somit vielleicht genau das Richtige für ein Arbeitszimmer, in dem es manchmal hektisch und heiß zugeht.

Farbwelten in Räumen

Erstaunlich ist, dass sich Farbwirkungen und die damit in Verbindung stehende Farbauswahl im Laufe der Zeit durch Kultur, Geschlecht, Mode und Trends immer wieder wandeln. So sind zum Beispiel eine Zeit lang Farbzusammenstellungen schick, die zuvor undenkbar schienen – man denke nur an die Kombination von grellem Grün und Orange in den 1970er Jahren. Dass also Farben im Wohn- und Bekleidungsbereich vor allem modischen Trends unterliegen, ist inzwischen bekannt. Viele Modelabels küren ihre „Farbe" der Saison und richten die gesamte Kollektion nach dieser Farbe aus. Ist es Ihnen nicht auch schon mal so ergangen? Zunächst mochten Sie eine neue „Trend- oder Modefarbe" gar nicht – aber nach einiger Zeit haben Sie sich daran gewöhnt und gerne danach gegriffen? Auch hier hatte die Farbe einen Einfluss, nämlich auf unsere Kaufentscheidung.

Sie sehen also: Das Farbempfinden ist eine sehr individuelle Angelegenheit – und über den Lauf der Zeit auch Änderungen unterworfen.

Allen Farben werden also bestimmte Wirkungen zugeschrieben, doch jeder Mensch „empfindet" Farbe anders. Diese Wirkung wird auch durch den Farbton bestimmt (kräftig, blass, pastellfarben, getrübt). Letztendlich muss jeder für sich entscheiden, wie eine bestimmte Farbe auf ihn wirkt, welche Wirkung er in dem jeweiligen Raum erzielen möchte und ob sich der Farbton auch für das bevorstehende Projekt eignet.

Auf den bunten Stoffen in diesem Wohnzimmer fallen Flecken nicht sofort auf – das ist perfekt, wenn kleine Kinder oder Haustiere mit im Haushalt leben.

Das gleiche Wohnzimmer, das aber durch die andere Farbwahl ganz anders wirkt, nämlich viel ruhiger und seröser.

Haben Sie Ihren Lieblingston gefunden, sollten Sie prüfen, ob er einen positiven Einfluss auf das jeweilige Zimmer hat, sprich, ob es zum Beispiel sinnvoll ist, ein Kinderzimmer mit wenig Lichteinfall in einem dunklen Blau- oder Braunton zu streichen oder ein Schlafzimmer in grellen Farben, einem Ort, der doch eher Ruhe und Erholung ausstrahlen sollte. Je nach Raumgröße und Zweck passen hier nämlich ganz unterschiedliche Farben.

Überlegen Sie, wie viel Farbe Sie eigentlich wünschen. Sollen nur kleinere Accessoires wie Kissen, Tischläufer oder Rollos Farbe in den Raum bringen oder darf es auch weitergehen – bis hin zu den Wänden, die farbig gestrichen werden können, oder zu farbigen Möbelstücken? Sie können zum Beispiel kleinere Möbel extra für Ihre neue Farbwelt anfertigen und streichen. Accessoires wie Kissen, Hussen oder Vasen bieten sich zum Beispiel an, wenn man mit den Farbwelten erst einmal experimentieren möchte oder wenn man einen Raum immer wieder farblich verändern möchte und ihn so zum Beispiel an die Jahreszeiten anpasst.

Wenn die Basics erhalten bleiben sollen, suchen Sie Farbtöne, die Sie damit kombinieren können – oder seien Sie mutig und bringen Sie Farben mit ins Spiel, die vielleicht in Ihrer Vorstellung nicht sofort miteinander harmonieren. Die Realität kann einen hier manchmal eines Besseren belehren. Außerdem kann jeder Farbton unterschiedliche Wertigkeiten und Sättigungen haben, das heißt er kann wärmer, kälter, kräftiger oder blasser gewählt werden, und dann wieder zum Ganzen passen. Taucht eine Farbkombination in einem Zimmer immer wieder auf, wird das Farbkonzept für diesen Raum schlüssig. Wer sehr viel Farbe einsetzt, für den ist es ratsam, diese mit Weiß wieder auszubalancieren und Decken und Böden neutral zu halten – und zwar aus zwei Gründen: Zum einen sorgen Weiß bzw. die neutralen Decken- und Böden-Töne dafür, dass die Farben richtig gut zur Geltung kommen, zum anderen bringen diese so wieder etwas Ruhe in das Ganze.

Überlegen Sie sich, wie Möbel, die farblich nicht harmonieren, im Zuge der Renovierung einen neuen Anstrich bekommen können. Streichen Sie z. B. alte dunkle Möbel oder in die Jahre gekommene Kiefernmöbel weiß, creme oder farbig. Auch das Aufbringen von Folie oder Aufkleben von Stoff auf Möbel oder Teile der Möbel kann hier Wunder wirken. Werden Sie kreativ! Das Motto lautet: „Was nicht passt, wird passend gemacht."

Trennen Sie sich von altem „Ballast", zum Beispiel indem Sie jetzt Unerwünschtes auf dem Flohmarkt oder im Internet verkaufen. Dadurch erzielen Sie den größtmöglichen (auch finanziell!) Spielraum für die Umsetzung Ihrer Ideen. Ein Zimmer im „Rohzustand" ist der Idealfall!

Praktische Umsetzung

Nachdem nun vielleicht – mithilfe der hier anschließenden Räume – eine Entscheidung bezüglich der Farbwelt gefallen ist, sollten Sie sich mit der Beschaffung der „Hardware" befassen. Machen Sie zuerst eine Bestandsaufnahme des Raumes, den Sie umgestalten wollen. Wer von einem Zimmer im „Rohzustand" ausgeht und alles neu machen kann, der hat jetzt natürlich ein einfaches Spiel und kann den Raum vollständig in der gewünschten Farbwelt durchgestalten.

Wer sich an gewisse Gegebenheiten halten muss, geht wie folgt vor: Welches Möbelstück prägt und dominiert das Zimmer, was soll auf alle Fälle im Raum bleiben? Auf welches größere Möbelstück haben Sie schon seit längerem ein Auge geworfen und soll auf alle Fälle neu angeschafft werden? Haben Sie sich bereits für eine Wandfarbe oder eine Tapete entschieden? Überlegen Sie umgekehrt aber auch,

welche Stücke Ihnen schon seit längerem ein Dorn im Auge sind und welche deshalb umgestaltet oder abgeschafft werden sollten.

Bei einem Zimmer mit großen Fenstern nehmen Gardinen oder Rollos eine große Fläche ein. Bedenken Sie dabei: Es ist wesentlich leichter, eine Wandfarbe mischen zu lassen, als einen Gardinenstoff auf die Farbe der Wände abzustimmen.

In vielen Baumärkten können Sie sich inzwischen Wandfarben ganz nach Wunsch anmischen lassen. Nehmen Sie dafür ein Stoffstück, einen Teller oder ein Kissen in der gewünschten Farbe mit, die als Farbmuster dienen, oder wählen Sie aus der großen Farbpalette einen Farbton aus, der Ihnen zusagt. Bei fertig angemischten Farben gibt es häufig kleine Probe-Farbdöschen zu kaufen. Diese sind hilfreich, wenn man sich nicht ganz sicher ist, wie eine bestimmte Wandfarbe auf einer (größeren) Fläche aussieht. Streichen Sie zum Beispiel einen Tapentenrest in der entsprechenden Farbe und hängen Sie diesen an der gewünschten Stelle auf. Das vermittelt schon einen ersten, guten Eindruck davon, wie die Farbe dann tatsächlich wirkt.

Auch mit Stoffen lässt sich an dieser Stelle ein Test durchführen, bevor Sie sich ans Nähen machen. Drapieren Sie den Stoff dazu an der entsprechenden Stelle (über dem Sofa, zusammengefaltet in Kissengröße auf dem Sessel usw.) und lassen Sie ihn auf sich wirken.

Ganz zum Schluss sollten Sie sich Gedanken über kleinere Farbakzente wie Kissen, Läufer oder Dekoartikel machen. Egal, wie umfangreich Ihre Arbeit an einer neuen Farbwelt ist, überlegen Sie sich immer im Vorfeld Ihr Farbkonzept und suchen Sie dazu passende Stoffe, Muster und Farbtöne. Eine Farbwelt kann auch im Laufe der Zeit wachsen. Überlegen Sie sich, wo Sie am einfachsten Ihre Farbakzente setzen können und was noch alles möglich ist. Seien Sie hier ruhig mutig und spielen Sie mit unterschiedlichen Strukturen und Texturen – genoppt und glatt, Seide und Baumwolle etc.

Und noch ein letzter Ratschlag: Nichts überstürzen! Auf der vergeblichen Suche nach farblich passenden Materialien musste ich häufig Zwangspausen bei der kreativen Umsetzung meiner Ideen einlegen. Das führte dazu, dass ich die Ideen und Farbkonzepte nochmals überdacht habe und noch einmal etwas ganz Neues entstand, worauf ich anfänglich keinen Gedanken verschwendet hätte. Lassen Sie sich gerade beim Einrichten und Dekorieren ausreichend Zeit, erst die Liebe zum Detail macht Ihr Zuhause unverwechselbar und wohnlich.

Kunterbunt – aber dennoch ausgesprochen schön. Trotzdem muss man es sich gut überlegen, wie viel Farbe zur eigenen Wohnwelt passt.

Wohnen mit

Farben

Kaum etwas prägt einen Raum mehr als seine gewählte Farbstimmung. Farben lassen einen Raum groß und weit oder klein und gemütlich wirken, regen beim Arbeiten an, verbreiten eine gesellige Atmosphäre oder wirken beruhigend.

Deshalb lohnt es durchaus, der Farbgestaltung eines Raumes Aufmerksamkeit zu widmen. Stoffe spielen hier eine wichtige Rolle, denn mit ihnen setzen Sie Farbakzente, die einem Zimmer ein neues Gesicht verleihen können. Kissen, Decken, Vorhänge oder mit Stoffen aufgepeppte Wohnaccessoires lassen einen Raum sofort ganz anders wirken, ohne dass Sie dafür Ihr Zuhause in eine Baustelle verwandeln müssen. In diesem Kapitel finden Sie Beispiele von zauberhaft gestalteten „Farbräumen" mit Stoffen.

Flur in Lila

Kleiner Flur mit großer Wirkung! Violetttöne können gut zusammenpassen, aber auch schwer und erdrückend wirken. Deshalb ist die Kombination mit einer möglichst frischen Farbe empfehlenswert. Rosatöne oder auch Grün setzen hier neue, ansprechende Akzente. Die Farbpalette der Lilatöne ist unglaublich groß, dennoch fällt die Fein-abstimmung der einzelnen Nuancen gele-gentlich schwer. Hier sollten Sie sich bei der Stoffauswahl besonders viel Mühe geben. Beachten Sie, dass auch ein unterschied-licher Lichteinfall einen Farbton stark verän-dern kann.

Schmale Garderobe

Die Garderobe ist eine Maßanfertigung für einen schmalen Flur. Sie ist 2 m hoch, 50 cm tief und ca. 45 cm breit. Es handelt sich hierbei um eine Konstruktion aus Leimholzplatten, die eine Stärke von 22 mm aufweisen. Als Aufhängung für die Kleiderbügel dient ein 15 mm starkes Rundholz. Die beiden Einlegeböden sind 28 cm und 170 cm vom Boden entfernt angebracht. Als Abdeckplatte dient ebenfalls ein Leimholzbrett, welches ca. 3 cm breiter als die Einlageböden ist. Alle Teile werden verleimt, zusätzlich mit Holzschrauben verbunden und anschließend mit weißem Acryllack gestrichen. Nach dem Zusammenschrauben aller Teile sollte die Garderobe zusätzlich an der Wand befestigt werden.

Pinnwand

Material

- Baumwollstoff:
  - Pinnwand selbst, 2,10 m x 25 cm
  - für das kleinere Brett, 25 cm x 13 cm
  - für das größere Brett, 35 cm x 13 cm
- Holzbretter, 20 mm stark:
  - 2 m x 15 cm
  - 20 cm x 8 cm
  - 30 cm x 8 cm
- Holzbuchstaben
- 10 Holzwäscheklammern
- 2 kleine Metallwinkel
- Holzleim/Montagekleber
- Sprühlack
- Sprühkleber
- Tacker

Zunächst die Holzbuchstaben und die Wäscheklammern mit Sprühlack lackieren und gut trocknen lassen.

Die Vorderseite des großen Holzbretts mit reichlich Sprühkleber einsprühen und anschließend den Stoff darauf festkleben. Der Stoff muss über die gesamte Fläche fest mit dem Holz verbunden sein und darf sich weder lösen, noch dürfen Bläschen zu sehen sein! Den überstehenden Stoff auf der Rückseite mit einem Tacker befestigen. Bei den beiden kleinen Brettern („Don't Forget"-Schriftzug) genauso vorgehen.

Mit reichlich Holzleim oder Montagekleber die Wäscheklammern auf das große Brett kleben, die erste Wäscheklammer weist ungefähr einen Abstand von 10 cm bis 15 cm zur oberen Kante auf. Die anderen Wäscheklammern in regelmäßigen Abständen aufkleben und alles gut trocknen lassen. Das große Brett mittig an die Stirnseite der Garderobe (siehe links) leimen.

Die Buchstaben auf die kleinen Bretter aufkleben, trocknen lassen und diese anschließend, mit Leim an die obere, überstehende Kante der Abdeckplatte leimen. Um hier eine zusätzliche Stabilität zu erzielen, ggf. an der Rückseite kleine Metallwinkel anbringen.

Aufbewahrungskästen

Einfache Holzkästen können durch das Aufkleben von Bändern schnell in kleine, schmucke Aufbewahrungsboxen verwandelt werden. Es eignen sich alle Arten von Bändern, die Sie in Kurzwarenabteilungen, Deko- oder Bastelgeschäften finden.

Die Holzkästen lackieren und gut trocknen lassen. Dann die Bänder mit der Heißklebepistole festkleben.

Wer mag, kann aus Stoff- und Pappresten noch kleine Beschriftungs-Schildchen basteln, die auf die Kästen geklebt werden.

Material

- Baumwollstoff
- Holzkästen
- Bänder
- Pappe
- Acryllack
- Pinsel/Lackierrolle
- Heißklebepistole

Sitzkissen

Dank der Sitzkissen wird das Hinsetzen zum Schuheanziehen zu einer richtig bequemen Angelegenheit.

Zunächst die Nahtzugaben des Mittelteils ringsum 1 cm nach links umbügeln und mit Nadeln mittig auf dem großen Stoffstück für die Vorderseite feststecken. Dann das Mittelteil knappkantig (1 mm bis 2 mm breit) aufsteppen. Die Kanten bügeln.

Anschließend das fertige Vorderteil rechts auf rechts auf das rückwärtige Teil stecken, die Kanten liegen exakt aufeinander. Die beiden Teile 1 cm breit aufeinander steppen, dabei eine ausreichend große Öffnung (ca. 30 cm) zum Wenden und Einführen der Schaumstoffplatte offen lassen. Nach dem Steppen die Kanten schräg abschneiden, das Teil durch die Öffnung nach rechts wenden und die Kanten bügeln.

Nach dem Bügeln wieder nach links wenden und die Ecken schräg absteppen (siehe Zeichnung 11). Dazu an jeder Ecke die Nähte ganz exakt aufeinander legen, mit einer Nadel feststecken und die Ecke nun ca. 3 cm breit absteppen.

Den Sitzkissenbezug wieder nach rechts wenden, die Ecken nochmals vorsichtig bügeln und die Schaumstoffplatte einschieben. Die Nahtzugaben an der Öffnung gegeneinander einschlagen und mit einigen Handstichen zunähen.

Mit Stauraum

Kleine Sitzbank

Die Bank ist ebenfalls eine Sonderanfertigung. Sie ist 47 cm hoch, 95 cm breit und weist eine Tiefe von 41 cm auf. Sie wurde aus Leimholzbrettern konstruiert, die mit weißem Acryllack gestrichen wurden. Die beiden auf Rollen laufenden Schubkästen bieten reichlich Stauraum. Auf die Vorderseite jedes Kastens wurde eine dünne MDF-Platte geklebt, auf die wiederum dünne Leisten montiert wurden. Bei der Auswahl der Griffe sollten Sie sich im Baumarkt inspirieren lassen, die Auswahl ist hier groß.

Material
(für ein 40 cm x 40 cm großes Sitzkissen)

- Baumwollstoff für die Vorderseite:
  · Vorderteil, 44 cm x 44 cm
  · Mittelteil, 34 cm x 34 cm
- Baumwollstoff für die Rückseite:
  · 44 cm x 44 cm
- Schaumstoffplatte, 3 cm stark, 40 cm x 40 cm
- Näh-Grundausstattung

Material

(für ein 40 cm x 50 cm großes Rückenpolster)

- Baumwollstoff für die Vorderseite:
  - Vorderteil, 44 cm x 54 cm
  - Mittelteil, 34 cm x 44 cm
- Baumwollstoff für die Rückseite:
  - 44 cm x 54 cm
- Baumwollstoff für die Schlaufen:
  - 2 Streifen/Schlaufen, 10 cm x 4 cm
- Schaumstoffplatte, 3 cm stark, 40 cm x 50 cm
- 2 Aufhänger/Möbelknöpfe
- Bohrmaschine mit passendem Bohraufsatz
- Näh-Grundausstattung

Tipp

Wer möchte, kann anstatt der selbst genähten Schlaufen auch fertige Bänder verwenden. Hier findet man in den Kurzwarenabteilungen der Kaufhäuser eine große Auswahl. Sie sollten sich auf alle Fälle für möglichst stabile Bänder entscheiden.

Rückenpolster

Die Bänder für die Schlaufen nähen (siehe Zeichnung 1) und bügeln.

Die Nahtzugaben des Mittelteils ringsum 1 cm nach links umbügeln und mit Nadeln mittig auf dem großen Vorderteil feststecken. Dann das Mittelteil knappkantig (1 mm bis 2 mm breit) auf das Vorderteil steppen. Die Kanten bügeln.

Anschließend die zur Hälfte gefalteten Schlaufen, ca. 10 cm von den äußeren Kanten entfernt, auf die rechte Seite des Vorderteils (44 cm breite Seite) steppen.

Nun das Vorderteil rechts auf rechts auf das rückwärtige Teil stecken, die Kanten liegen exakt aufeinander. Die beiden Teile 1 cm breit aufeinander steppen, dabei eine ausreichend große Öffnung (ca. 30 cm) zum Wenden und Einführen der Schaumstoffplatte offen lassen. Nach dem Steppen die Kanten schräg abschneiden, das Teil durch die Öffnung nach rechts wenden und die Kanten bügeln.

Nach dem Bügeln wieder nach links wenden und die Ecken schräg absteppen (siehe Zeichnung 11). Dazu an jeder Ecke die Nähte ganz exakt aufeinander legen, mit einer Nadel feststecken und die Ecke ca. 3 cm breit absteppen

Das Rückenpolster wieder nach rechts wenden, die Ecken nochmals vorsichtig bügeln und die Schaumstoffplatte einschieben. Die Nahtzugaben an der Öffnung gegeneinander einschlagen und mit einigen Handstichen zunähen.

Die Aufhänger an die Wand bohren und die fertigen Rückenpolster daran befestigen.

Garderobenhaken

Hier findet man alles mit einem Griff wieder, auch wenn es mal schnell gehen muss – wie Schlüssel, Handy, MP3-Player und Kleinkram. Die Handtuchhaken werden auf stoffbezogene Holzplatten montiert und mit einer Schraube an der Wand befestigt. Wählen Sie die Buchstaben nach den Anfangsbuchstaben Ihrer Familienmitglieder aus!

Vor dem Beziehen der Holzplatten zunächst ein Loch für den Haken bzw. die Schraube in das Holz vorbohren. Das Loch befindet sich mittig, ca. 4 cm von der unteren Kante entfernt, in der Holzplatte. Die Größe des Lochs auf die Schraubengröße des Handtuchhakens abstimmen!

Danach den Stoff gleichmäßig um die Holzplatte legen, die Ecken zu Falten legen und auf der Rückseite mit einem Tacker befestigen.

Mit einer scharfen Schere vorsichtig ein Loch in den Stoff schneiden und die Holzplatte zusammen mit dem Haken an der Wand montieren. Auf die Holzplatte einen weiß lackierten Holzbuchstaben stellen, diesen ggf. an die Wand bohren oder festkleben.

Material
- Baumwollstoff, 20 cm x 20 cm
- Holzplatte, 18 mm stark, 12 cm x 12 cm
- Holzbuchstabe, 8 cm hoch
- Handtuchhaken
- ggf. Acryllack
- Schere
- ggf. Pinsel
- Tacker
- Bohrmaschine mit passendem Bohraufsatz

Vogelhaus-Uhr

Die Vorlage für das Vogelhäuschen (siehe Zeichnung 12) kopieren, ausschneiden und auf die Sperrholzplatte übertragen. Die Konturen mit der Stichsäge ausschneiden. Das Loch für das Uhrwerk mit einem passenden Holzbohrer einbohren.

Die Sperrholzplatte mit Sprühkleber einsprühen und den Stoff blasenfrei darauf festkleben. Hierbei unbedingt auf den Verlauf des Musters achten! Anschließend den überstehenden Stoff mit der Schere abschneiden.

Die restlichen Teile lackieren und trocknen lassen.

Dann zunächst die Zierleisten mit der Handsäge so zuschneiden, dass sie exakt an das Dach des Vogelhäuschens passen. Dafür müssen die Leisten oben auf Gehrung zugesägt werden. Anschließend die beiden Leisten exakt aufleimen und nach dem Trocknen auf der Rückseite mit Tackerklammern verstärken.

Nun die vier Leisten für die Rückseite rund um das Bohrloch leimen. Sie dienen als „Abstandshalter" des Uhrwerks zur Wand.

Dann die 22 cm lange Leiste an die untere Kante leimen.

Die dünnen Leisten entsprechend der Häuschenform zuschneiden und ebenfalls an die äußeren Kanten des Häuschens leimen.

Das Ornament und den mit Federn verzierten Vogel aufkleben und das Uhrwerk laut Packungsbeilage montieren.

Material

- Baumwollstoff, 36 cm x 30 cm
- Sperrholzplatte, 35 cm x 29 cm
- 2 flache Zierleisten, 30 mm breit, 26 cm lang (Dachschräge)
- 4 Vierkantleisten, 8 mm x 5 mm, 22 cm lang (Umrandung)
- Holzleiste, 10 mm x 30 mm, 22 cm lang (untere Kante)
- 4 Holzleisten, 20 mm x 15 mm, 15 cm lang (Rückseite)
- Holzornament
- Holzvogel
- Federn
- Uhrwerk
- Acryllack
- Holzleim
- Sprühkleber
- Pinsel
- Schere
- Handsäge
- Stichsäge
- Bohrmaschine/Akkubohrer mit passenden Bohraufsätzen
- Tacker

Besenstiel-Ständer

Den Besenstiel, die Rundhölzer und alle Halbkreise aus Holz lackieren und trocknen lassen. An einem Holzrest zunächst die passende Holzbohrergröße für die Rundhölzer ermitteln. Die Rundhölzer sollten sich nur mit leichtem Druck durch die Bohröffnung schieben lassen und dürfen nicht zu viel „Spiel" haben, sie würden sonst anschließend wackeln! Testen Sie die genaue Lochgröße also zunächst an einem Probestück aus, bevor Sie sich an die Bohrungen am Besenstiel wagen. Hier sollten Sie sehr behutsam vorgehen, da der Rundholzstab schnell zu zerbersten droht, wenn ein zu großer Bohrer verwendet wird. Am besten die Bohrungen zunächst mit einem wesentlich kleineren Bohrer vornehmen und sich dann mit immer größeren Bohrern zur eigentlichen Bohrgröße „vorarbeiten". Die Lage und Tiefe der Bohrlöcher variiert, d. h. dass manche Löcher komplett durch den Rundholzstab gebohrt werden, andere werden schräg und nur bis zur Mitte des Holzes gebohrt. Hier sollten Sie Ihrer Fantasie freien Lauf lassen. Lediglich die unteren 40 cm bis 50 cm bleiben frei.

Die kurzen Rundholzstäbe in bzw. durch die Löcher schieben, dabei in die Öffnungen der nicht komplett durchgebohrten Löcher reichlich Holzleim füllen. Die Stäbe mit etwas Druck einführen und trocknen lassen. Nach dem Trocknen die lackierten Holzhalbkreise auf die Rundholzstäbe kleben.

Nun den Blumenübertopf mit dem Stoff umwickeln und an der Rückseite mit einer Heißklebepistole befestigen. Wer mag, kann ein Rüschenband um den Topf wickeln und verknoten.

Zum Schluss den fertigen Ständer in den Blumenübertopf stecken und mit dem angerührten Beton auffüllen. Falls die Garderobe mit eher leichten Teilen bestückt wird, reicht hier auch Sand aus. Zusätzliche Stabilität bekommt der Garderobenständer durch schwere Steine, die rund um den Besenstiel gelegt werden.

Material

- Baumwollstoff
- Organzarüsche, 3 cm breit, 2 m lang
- Blumenübertopf aus Zink, Höhe ca. 40 cm
- Rundholzstab/Besenstiel, ø ca. 3 cm, ca. 1, 50 m lang
- 16 Rundhölzer, ø 1 cm, 18 cm bis 25 cm lang
- Holz-Halbkreise in verschiedenen Größen
- Beton oder Sand
- ggf. schwere Steine
- Acryllack
- Holzrest (zum Testen)
- Holzleim
- Pinsel
- Heißklebepistole
- Handsäge
- Bohrmaschine/ Akkubohrer mit passenden Bohraufsätzen

Tasche

Um der Tasche eine gewisse Stabilität zu verleihen, alle Schnittteile (außer den Paspelstreifen) mit Vlieseline verstärken. Diese laut Herstellerangaben auf die linken Stoffseiten aufbügeln. Hierzu unbedingt ein Bügeltuch benutzen!

Die Kanten an beiden Paspelstreifen der Länge nach links auf links bügeln und knappkantig (ca. 0,5 cm breit) an die 44 cm langen Kanten der unteren, äußeren Taschenteile steppen. Dieser Arbeitsgang entfällt bei der inneren Tasche, hier wird lediglich die Teilungsnaht geschlossen. Anschließend die oberen Teile anstepppen und die Kanten bügeln.

Dann das vordere und hintere Taschenteil rechts auf rechts aufeinander legen und beide seitlichen sowie die untere Kante aufeinander steppen. Die Nahtzugaben zu einer Seite bügeln und die Ecken schräg abschneiden. Anschließend die obere Kante der Tasche 1 cm nach links umbügeln. Diese Arbeitsgänge für die innere und äußere Tasche durchführen.

Damit die Tasche auch stehen bleibt, müssen an den beiden unteren Kanten die Ecken abgesteppt werden (siehe Zeichnung 11). Hierzu legt man an jeder Ecke die Seitennähte sowie die Naht der unteren Kante exakt rechts auf rechts aufeinander und steppt dann im rechten Winkel zu diesen Nähten ein Dreieck ab. Die Größe des Dreiecks beträgt ca. 6 cm bis 8 cm. Auch diese Kante bügeln.

Dann die beiden Taschenhälften links auf links ineinander schieben und die beiden vorgebügelten Kanten aufeinander steppen, dabei die Zackenlitze mitfassen. Wer mag, kann die Litze auch in einem weiteren Arbeitsgang aufnähen.

Für die Griffe die Bundeinlage auf die Stoffstreifen bügeln. Die langen Stoffkanten entlang der Stanzlinie ca. 1 cm breit gegeneinander einschlagen und festnähen, am Anfang und am Ende 7 cm offen lassen! Dann die Griffe ca. 5 cm unterhalb der oberen Taschenkante und ca. 10 cm von den Seitennähten entfernt aufsteppen, dabei die untere Kante 1 cm nach innen einschlagen.

Den Stoffstreifen für die Rüsche zum Ring zusammennähen, anschließend die offenen Stoffkanten links auf links bügeln. Mit doppelt gelegtem Nähgarn einen Reihfaden einziehen, dabei Anfang und Ende des Fadens offen lassen. Dann die Fadenenden so weit wie möglich anziehen, verknoten, die entstandene Rosette mit einigen Handstichen fixieren und ganz vorsichtig bügeln. Mit einem neuen Faden die Rosette und die Organzablume auf eine Taschenseite nähen.

Material

- unterschiedlich gemusterte Baumwollstoffe:
  - 4 obere Taschenteile/innen und außen, 14 cm x 44 cm
  - 4 untere Taschenteile/innen und außen, 34 cm x 44 cm
  - 2 Paspelstreifen, 4 cm x 44 cm
  - 2 Stoffstreifen für die Griffe, 10 cm x 70 cm
  - Stoffstreifen für die Rüsche, 8 cm x 30 cm
- Organzablume
- Zackenlitze, 90 cm lang
- feste Vlieseline:
  - 4 Streifen, 14 cm x 44 cm
  - 4 Streifen, 34 cm x 44 cm
- 2 Stanzbänder/Bundeinlage, 10 cm lang, 70 cm breit
- Näh-Grundausstattung

Dreh-Regal

Material

- unterschiedlich gemusterte Baumwollstoffe:
  - 5 Quadrate, 34 cm x 34 cm
- 5 Holzkästen, 30 cm x 30 cm, 16 cm tief
- 5 Sperrholzplatten, 5 mm stark, 28 cm x 28 cm
- Rundholz, ø 1,5 cm, 1,70 m lang
- 10 Rohrclipse aus Kunststoff, ø 1,8 cm (inkl. Befestigungsmaterial)
- Acryllack
- Sprühkleber
- Klebestift
- Heißklebepistole
- Pinsel/Lackierrolle
- Bohrmaschine/Akkubohrer mit passenden Bohraufsätzen

Diese übereinander gestapelten Kästen sind an der Rückseite durch sogenannte Rohrclipse (Sanitärabteilung/Baumarkt) und einen Rundholzstab miteinander verbunden. Dadurch kann man die Kästen beliebig drehen und der Turm bleibt dennoch stabil und standsicher. Im Inneren der Kästen wurden kleine stoffbezogene Sperrholzbretter aufgeklebt.

Zuerst die Kästen lackieren und trocknen lassen.

Jeweils die Sperrholzplatte mit ausreichend Sprühkleber einsprühen und den Stoff mittig aufkleben. Darauf achten, dass das Muster exakt verläuft und keine Blasen entstehen! Den überstehenden Stoff mit einem Klebestift oder einer Heißklebepistole an der Rückseite befestigen. Dann die bezogene Sperrholzplatte mit etwas Heißkleber auf die innere Rückwand des Kastens kleben.

Nun die Rohrclipse jeweils mittig an der oberen und unteren Kante der Rückseite montieren und die Kästen übereinander auf den Rundholzstab stecken. Die Kästen lassen sich nun separat um die eigene Achse drehen. Falls nötig, den untersten Kasten eventuell mit einem schweren Stein o. Ä. beschweren.

Tipp

Statt der Holzkästen aus dem Baumarkt kommen hier auch alte Weinkisten toll zur Geltung. Und anstatt mit den Rohrclipsen können Sie die einzelnen Kästen auch durch Schrauben miteinander verbinden. Dabei zwischen Schraube und Schraubenmutter kleine Unterlegscheiben legen. Der Nachteil dieser Konstruktion sind lediglich die später sichtbaren Schrauben im Inneren des Kastens. Die Sperrholzplatten können alternativ auch mit Papier beklebt werden. Hier sollte man nach hübschem Geschenkpapier Ausschau halten.

Wohnzimmer in Apricot und Rot

Das Wohnzimmer ist der Ort im Haus, an dem die Familie am Abend zusammenkommt und den Tag ausklingen lässt. Für den Sofabezug und die Sitzkissen wurde ein geblümter, bunter Stoff gewählt, der Frische, aber auch Gemütlichkeit ins Wohnzimmer bringt und auf dem kleine Flecken kaum zu erkennen sind – praktisch bei kleinen Kindern im Haushalt. Der dazu kombinierte einfarbige Stoff in Apricot strahlt Heiterkeit und Wärme aus und bringt gleichzeitig wieder etwas Ruhe in das Zimmer. Dieser Farbton lässt sich in dem gemusterten Stoff wiederfinden – so wirkt alles perfekt aufeinander abgestimmt und lädt zum Verweilen ein!

Sofabezug

Sie haben ein altes, aber bequemes Sofa, von dem Sie sich nur schwer trennen können? Lassen Sie das alte Stück in neuem Glanz erstrahlen und beziehen Sie es neu oder nähen Sie dafür eine Husse. Eine Husse kann abgezogen und gewaschen werden, ein neuer Bezug wird am Sofagestell festgetackert. Flecken lassen sich hier leider nur schwer entfernen. Ein Sofa neu zu beziehen, ist ein zeitintensives Nähprojekt, außerdem sollte man auch erwähnen, dass das Nähen eines neuen Bezuges mit viel „Probieren" verbunden sein wird. Da die Form aller Sofas unterschiedlich ist, kann hier nur die grobe Vorgehensweise erklärt werden. So gehen Sie vor:

Bei einem Sofa mit einem dicken oder wulstigen Bezug sollte als Erstes der alte Bezug bzw. die Husse entfernt werden. Reißen Sie den alten Bezug aber nicht planlos herunter, weil er als Vorlage für das Schnittmuster dient. Ein abgezogener und auseinandergeschnittener Bezug versetzt auch erfahrene Hobbynäherinnen in Erstaunen. Es treten Formen zutage, die nicht beschriftet kaum noch zuzuordnen sind. Deshalb sollten Sie als Erstes – noch vor dem Auseinanderschneiden – einen dicken Filzstift zur Hand nehmen und die Schnittteile beschriften. Die Beschriftung sollte alle Angaben beinhalten, damit eine korrekte Zuordnung erfolgen kann (Seitenteil, links, unten, vorne etc.).

Anschließend malen Sie auf alle Nähte sogenannte Passzeichen auf. Dabei handelt es sich um dicke Striche, die quer über die Nähte verlaufen und Auskunft darüber geben, an welchen Stellen die einzelnen Schnittteile später zusammengenäht werden müssen. Hierbei sollten Sie nicht geizen, eine Nummerierung der Passzeichen ist zusätzlich hilfreich. Da das Auftrennen der einzelnen Nähte zu aufwendig wäre, können Sie jetzt die Nähte mit der Schere einfach auseinanderschneiden. Die auseinandergeschnittenen und beschrifteten Stoffteile dienen nun als Schnittmuster.

Bedenken Sie beim Zuschneiden der einzelnen Teile, dass ringsum mindestens 1 cm Nahtzugabe notwendig sind, bei fransenden Stoffen sogar 1,5 cm. Vergessen Sie nicht, die Passzeichen zu übertragen und mit kleinen Zetteln und Stecknadeln die einzelnen Schnittteile zu beschriften. Für eine Husse sollten Sie an der Rückseite und/oder an der Seitennaht einen Reißverschluss einplanen. Hierzu entweder eine Teilungsnaht einarbeiten oder den Reißverschluss in vorhandene Nähte einsetzen. Bei einem festen Bezug kann es notwendig sein, als letzten Arbeitsgang eine Naht von Hand zuzunähen, um den Bezug überhaupt über das Sofa ziehen zu können, das ist von der jeweiligen Sofaform abhängig. Je nach Geschmack kann die Husse entweder bis auf den Fußboden reichen oder die Beine bleiben sichtbar. Schneiden Sie an jedes Schnittteil einen Saum an, der mindestens 5 cm breit sein sollte.

Zum Zusammennähen die jeweils zusammengehörigen Teile rechts auf rechts aufeinander legen und die Passzeichen exakt aufeinander feststecken. Die Nähte steppen und auseinanderbügeln. Rundungen müssen bis ca. 1 mm bis 2 mm vor die Naht eingeschnitten werden, damit sich der Stoff der Sofaform anpassen kann. Die Reißverschlüsse werden ganz zum Schluss eingenäht! Nach jeder Naht

sollten Sie die aneinandergenähten Schnittteile auf die entsprechende Stelle des Sofas ziehen und kontrollieren, ob die Passform ungefähr stimmt.

Nach dem Zusammennähen aller Teile den Bezug/die Husse nochmals über das Sofa ziehen und die Passform kontrollieren. Die Wahrscheinlichkeit, dass alles auf Anhieb korrekt sitzt und sich exakt der Sofaform anpasst, ist gering. Hier müssen wahrscheinlich Korrekturen vorgenommen werden, die sich aber letztendlich auszahlen! Sitzen alle Schnittteile perfekt, den Saum arbeiten und alle Reißver-

schlüsse einnähen. Bei einem festen Bezug kann der Saum am Sofagestell festgetackert werden.

Da die Sitzpolster am stärksten beansprucht werden, sollte hier auf der Rückseite oder auf der unteren Seite unbedingt ein Reißverschluss eingeplant werden. Da die Ecken des Sofas und der Sitzkissen meistens rund sind, runden Sie hier die Ecken mithilfe eines runden Gegenstands, beispielsweise einer Tasse, ab. Nähen Sie zuerst den Reißverschluss ein, dabei am Anfang und Ende die Naht einige Zentimeter zunähen, dann im

weiteren Verlauf den Reißverschluss einarbeiten. Den ausreichend langen Seitenstreifen für die Kissen zunächst offen (also nicht zum Ring zusammengenäht) an das obere Schnittteil steppen. Erst im zweiten Arbeitsgang werden Anfang und Ende des Seitenstreifens zusammengenäht. Nun das untere Schnittteil an den Seitenstreifen nähen und die Nahtzugaben in den Rundungen ca. 1 mm bis 2 mm vor die Nahtlinie einschneiden. Die Nähte flach bügeln.

Material
- Baumwollstoff
- altes Sofa mit Sitz- und Rückenpolstern
- Reißverschlüsse
- dicken Filzstift
- Näh-Grundausstattung
- ggf. Tacker

Tipp

Bitte beachten Sie: Das Auseinanderschneiden eines alten Bezuges wird Ihnen nicht auf Anhieb das perfekte Schnittmuster liefern. Alte Bezüge sind häufig ausgeleiert, die Passform ist daher nicht mehr ideal. Wer also ein Möbelstück neu beziehen möchte, sollte Geduld mitbringen und sich auf Korrekturen einstellen, was sich aber durchaus lohnt. Eine andere Variante, ein Sofa oder einen Sessel zu beziehen entnehmen Sie bitte der Anleitung für den Sesselbezug (siehe Seite 36).

Rundes Kissen

Für das Mittelteil des Kissens die beiden kleinen Stoffkreise rechts auf rechts legen und aufeinander steppen, dabei eine ausreichend große Öffnung zum Wenden offen lassen. Die Nahtzugaben auf 2 mm zurückschneiden, den Kreis wenden, die Kanten bügeln und die Öffnung mit einigen Handstichen zunähen.

Den Stoffstreifen an den beiden kurzen Seiten rechts auf rechts aufeinander legen und die Naht schließen. Die Nahtzugaben auseinander bügeln. Dann den Streifen an der Innenseite einkräuseln. Dazu einen großen Stich an der Nähmaschine einstellen, die Fadenspannung lockern und die Fadenenden nicht verriegeln! Dann den Unterfaden anziehen und den Stoffstreifen so weit einkräuseln, bis der verstürzte Mittelkreis den Stoffstreifen ca. 1,5 cm verdeckt. Den Kreis mit Nadeln auf dem eingekräuselten Schnittteil feststecken. Dabei darauf achten, dass die Kräusel gleichmäßig verteilt sind. Nun den Mittelkreis knappkantig feststeppen.

Anschließend das fertige Kissenvorderteil auf das Stoffstück für die Rückseite legen und mit Nadeln feststecken. Die Kontur auf den Stoff übertragen und sorgfältig den Kreis ausschneiden.

Im Anschluss daran die beiden Kissenteile rechts auf rechts aufeinander legen und die äußeren Kanten aufeinander nähen, dabei eine ausreichend große Öffnung zum Wenden offen lassen. Die Nahtzugaben entlang der Rundung auf ca. 2 mm bis 3 mm zurückschneiden. Das Kissen nach rechts wenden und die Kanten bügeln. Zum Schluss das Kissen mit Füllwatte ausstopfen und die Öffnung mit einigen Handstichen zunähen.

Material
(für ein Kissen mit ø 40 cm)
- unterschiedlich gemusterte Baumwollstoffe:
  · 2 Kreise für das Mittelteil, ø ca. 22 cm
  · Stoffstreifen für die Umrandung, 15 cm x Kreisumfang zzgl. 7 cm
  · Kreis für die Rückseite, ø 42 cm
- Füllwatte
- Näh-Grundausstattung

Gesmoktes Kissen

Beim Smoken werden kleine Stofffalten durch Zierstiche zu einem bestimmten Muster zusammengefasst. Man benutzt hierzu Stickgarn oder dickeres Knopflochgarn. Das Smoken sieht aufwendig aus, wenn man die Vorgehensweise jedoch erst einmal verstanden hat, ist eine Fläche, wie sie auf dem Foto abgebildet ist, in zwei bis drei Stunden zu schaffen. Durch das Smoken wird der Stoff nur in der Breite zusammengezogen. Sie müssen hierfür also mindestens die doppelte Breite der endgültigen Weite einplanen. Die Stoffangabe ist hier recht großzügig angegeben, da der Stoff evtl. auch ausfransen kann. Sie sollten eine fertig gesmokte Fläche von mindestens 32 cm x 32 cm arbeiten!

Zuerst auf das Mittelteil der Vorderseite das Punkteraster mittig auf den Stoff aufzeichnen. Die Punkte haben jeweils einen Abstand von 2 cm zueinander. Der Abstand der Reihen beträgt ebenfalls 2 cm. Achten Sie darauf, dass die Punkte aller Reihen exakt untereinander liegen (kein seitlicher Versatz o. Ä.). Die Punkte können Sie entweder mit einem dünnen Bleistift markieren oder mit einem speziellen Markierstift, dessen Farbe durch Bügeln verschwindet. Für eine gesmokte Fläche von ca. 32 cm x 32 cm sollten Sie mindestens 17 Reihen übereinander anzeichnen, wobei jede Reihe ca. 35 Punkte erhält.

Mit dem Smoken beginnen Sie an der linken oberen Ecke. Die Arbeitsweise ist generell von links nach rechts und geht über zwei Reihen. So gehen Sie Schritt für Schritt vor (siehe Zeichnung 24):

1 Man sticht bei Position 1 von unten aus dem Stoff aus, macht dann einen kleinen, ca. 1 mm bis 2 mm breiten Stich bei Position 2, sticht dann wieder bei Position 1 ein, sticht aber nach weiteren 1 mm bis 2 mm direkt wieder aus. Den Faden stramm ziehen.

2 Nun den Faden wieder bei Position 2 einstechen, aber in der unteren Reihe auf Position 3 wieder herausstechen. Diesen Faden nicht stramm ziehen!

3 Nun die erste Stichfolge wiederholen. Man macht bei Position 5 und bei Position 3 jeweils wieder einen kleinen Stich, zieht den Faden stramm und sticht dann wieder von Position 3 zu Position 5.

Material

(für ein 40 cm x 40 cm großes Kissen)

- Baumwollstoff für die Vorderseite:
  - Mittelteil, 80 cm x 40 cm
  - je eine Blende für oben und unten, 32 cm x 7 cm
  - 2 seitliche Blenden, 42 cm x 7 cm
- Baumwollstoff für die Rückseite:
  - 42 cm x 42 cm
- Kissen-Inlett, 40 cm x 40 cm
- Stickgarn
- Geodreieck
- Bleistift oder Textilmalstift
- Näh-Grundausstattung

4 Nun geht es wieder eine Reihe nach oben. Stechen Sie von Position 5 zum darüber liegenden Punkt und setzen Sie das Muster zum Reihenende fort.

Jetzt geht es ans Nähen der Vorderseite des Kissens: Ist das Mittelteil fertig gesmokt, werden die Blenden angenäht. Sie sollten dabei auf eine Gesamtfläche von 42 cm x 42 cm kommen! Zunächst die beiden kurzen Blenden rechts auf rechts auf das Mittelteil legen und die Teile etwa 1 cm breit auf der gesmokten Fläche feststeppen! Dann das gesmokte Mittelteil auf die Länge des zuvor angenähten Stoffstreifens zurückschneiden und mit einem

Zick-Zack-Stich versäubern. Anschließend die beiden langen Stoffstreifen annähen. Das gesmokte Teil ringsum auf 1 cm Nahtzugabe zurückschneiden und versäubern. Die Kanten bügeln.

Das fertige Vorderteil rechts auf rechts auf das rückwärtige Kissenteil stecken. Die Kanten aufeinander nähen, dabei eine ausreichend große Öffnung zum Einlegen des Kissen-Inletts offen lassen. Das Inlett einlegen und die Öffnung von Hand zunähen.

Sesselbezug

Das Beziehen von Sesseln ist nicht ganz einfach, doch der Aufwand lohnt sich! Entscheiden Sie, ob Sie den Sessel neu beziehen und den Stoff am Holzgestell festtackern wollen oder ob das Nähen einer Husse sinnvoller wäre. Bei einer Husse sollten Sie einen Reißverschluss einplanen. Was die Länge des Stoffzuschnitts anbelangt, müssen bei einer Husse für den Saum einige zusätzliche Zentimeter Stoff eingeplant werden. Da es verschiedene Vorgehensweisen zum Beziehen eines Sessels oder Sofas gibt, sollten Sie zusätzlich den Text zum Sofa (siehe Seite 32/33) durchlesen.

Zunächst ein Schnittmuster herstellen bzw. die Schnittteile vom Sessel abpausen. Zum Abpausen eignet sich Nesselstoff, ein günstiger, beiger Baumwollstoff. „Mutige" Hobbyschneiderinnen verzichten auf den Nesselschnitt und schneiden die Schnittteile direkt aus dem endgültigen Stoff zu. Beginnen Sie beispielsweise mit der Rückseite. Dazu ein ausreichend großes Stoffstück grob zuschneiden und den Stoff möglichst glatt und stramm mit Nadeln auf der Rückseite des Sessels feststecken (Fadenlauf beachten), die linke Seite des Bezugsstoffs/Nesselstoffs liegt auf dem Sessel. Mit einem Bleistift entlang der Nähte kleine Markierungen auf den Bezugsstoff machen, die vorhandenen Nähte des alten Bezugs also exakt „abpausen". Das Schnittmuster nach dem Abpausen vom Sessel nehmen und an allen Nähte 1,5 cm Nahtzugabe hinzugeben. An der unteren Kante des Sessels ca. 3 cm bis 4 cm Zugaben anschneiden, bei einer Husse je nach Beinhöhe weitere Zentimeter hinzugeben.

Jetzt geht es ans Nähen, dabei die einzelnen Teile rechts auf rechts aneinander nähen. In manchen Fällen lässt sich die eine oder andere Naht erst nach dem Beziehen des Sessels schließen, abhängig von der Form des Sessels. Hier evtl. einen Reißverschluss einnähen.

Den Bezug zunächst nur zur Probe „anpassen" und eventuell Korrekturen vornehmen. Erst dann die Nahtzugaben auf 1 cm zurückschneiden und alle Rundungen bis kurz vor die Naht vorsichtig einschneiden. Das Einschneiden der Nähte ist sehr wichtig bei Sesseln mit vielen Rundungen. Dann alle Nahtzugaben auseinander bügeln und den Bezug über den Sessel ziehen. Alle Nähte sollten deckungsgleich über den alten Sesselnähten liegen. Die noch offenen Nähte, die zum Überstülpen des Bezuges noch nicht geschlossen werden konnten, nun von Hand zunähen.

Die untere Kante des neuen Bezugs mit einem Tacker am Sessel befestigen oder, bei einer Husse, den Saum umbügeln und festnähen.

Beim Sitzkissen sollten Sie an der unteren Seite einen Reißverschluss einarbeiten (siehe Zeichnung 5), damit man dessen Bezug waschen kann.

Material
- Möbelbezugsstoff/ fester Baumwollstoff
- alten Sessel
- ggf. Reißverschluss
- Nesselstoff
- Näh-Grundausstattung
- Tacker

Stehlampe

Material

- Baumwollstoff
- Lampenschirm
- Zackenlitze
- Papier
- Schere
- Sprühkleber
- Klebestift

Tipp

Zum Beziehen von Lampenschirmen eignen sich eher weiße bzw. helle Lampenschirme. Sie sind lichtdurchlässiger als gemusterte oder farbige Schirme. Machen Sie am besten eine „Lichtprobe" bei eingeschaltetem Licht.

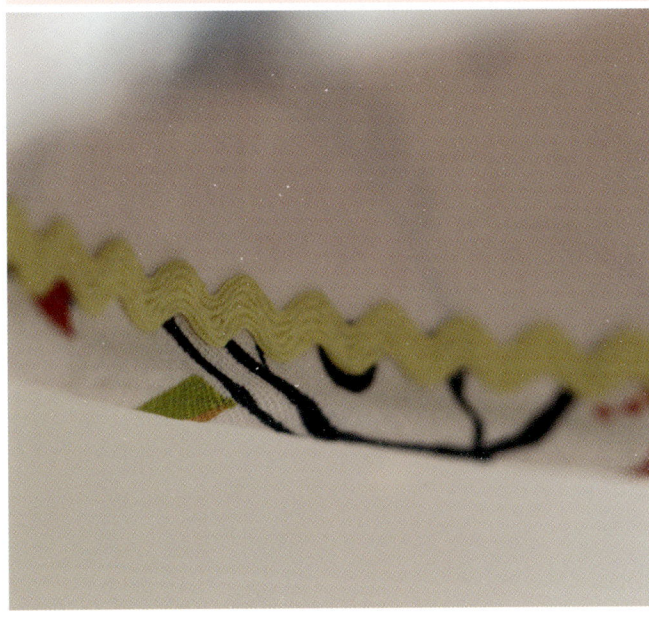

Zunächst einen Papierschnitt herstellen. Dazu den Schirm auf einem großen Stück Papier abrollen und dabei entlang der oberen und unteren Kante kleine Markierungen auf dem Papier machen. Beginnen und enden Sie an der Nahtstelle des fertigen Schirms.

Den Papierschnitt ausschneiden, auf den Stoff übertragen und an allen Kanten 1,5 cm Nahtzugabe anschneiden. Dann den Lampenschirm mit Sprühkleber einsprühen. Den Stoff auflegen, exakt ausrichten und festkleben. Eine Längsseite 1 cm nach innen einschlagen und über die andere offene Kante kleben.

Die Nahtzugaben an der oberen und unteren Kante nach innen einschlagen und ebenfalls festkleben. Über die offene Kante eine Litze oder ein dünnes Band kleben.

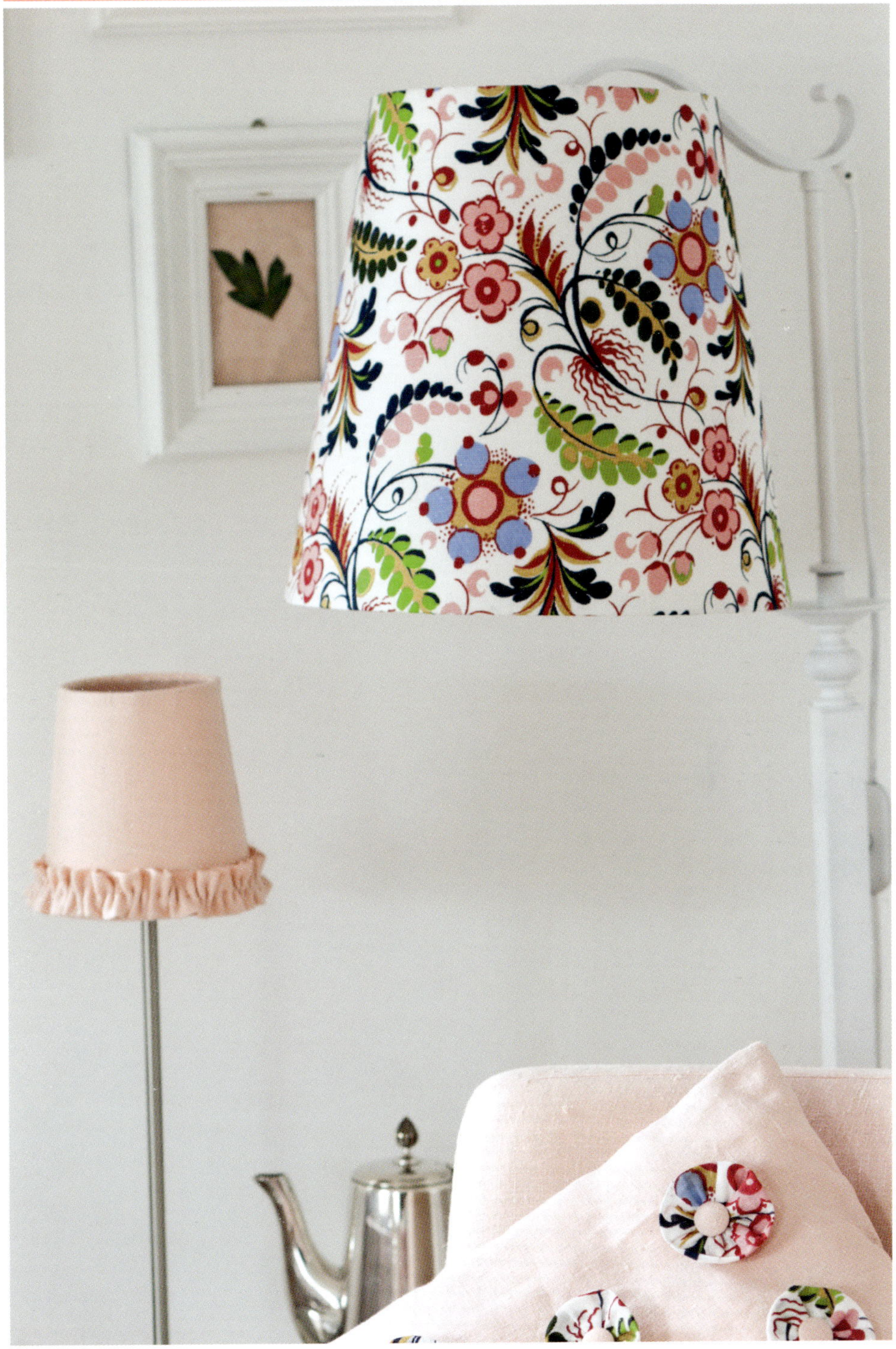

Buntes Kissen

Dieses kleine Kissen wurde aus Stoffresten genäht, die beim Beziehen des Sofas und des Sessels übrig geblieben sind. Die Rückseite des Kissens wurde aus dem apricotfarbenen Stoff, die Vorderseite mit der Knopfleiste aus dem geblümten Stoff genäht.

Für die Knopfleiste an beiden vorderen Schnittteilen jeweils eine 42 cm lange Seite der beiden Schnittteile zweimal 5 cm nach links umbügeln und feststeppen. Dann in das kurze Kissenteil drei Knopflöcher einarbeiten (laut Handbuch der Nähmaschine). Der Abstand der Knopflöcher zu den Seitenkanten beträgt ca. 7 cm. Das obere Kissenteil auf das untere legen und so ausrichten, dass man bei der Vorderseite auf eine Gesamtlänge von 42 cm kommt.

Dann das vordere Kissenteil rechts auf rechts auf das hintere Kissenteil legen und die Teile ringsum aufeinander steppen. Das Kissen wenden, die Ecken mit einer Schere vorsichtig herausdrücken und die Kanten bügeln.

Material
(für ein 40 cm x 40 cm großes Kissen)
- Baumwollstoff für die Vorderseite
  - oben, 42 cm x 28 cm
  - unten, 42 cm x 38 cm
  - Stoffreste zum Beziehen der Knöpfe
- Baumwollstoff für die Rückseite:
  - 42 cm x 42 cm
- Kissen-Inlett, 40 cm x 40 cm
- 3 Knöpfe zum Beziehen, ø 2 cm
- Näh-Grundausstattung

Kissen mit Rosetten

Für die Knopfleiste wird an beiden rückwärtigen Schnittteilen jeweils eine 42 cm lange Seite zweimal 5 cm nach links umgebügelt und knappkantig festgesteppt. Dann das kürzere Teil so weit über das längere Schnittteil legen, dass man auf eine Gesamtlänge von 42 cm kommt. Diese Länge nochmals auf die Länge der Vorderseite abstimmen und die beiden Rückseitenteile ca. 2 mm bis 3 mm breit innerhalb der Nahtzugabe festnähen.

Dann das vordere und rückwärtige Kissenteil rechts auf rechts aufeinander legen und ringsum aufeinander steppen. Das Kissen wenden, die Ecken vorsichtig mit einer Schere herausdrücken und die Kanten bügeln.

Nun die Knopflöcher in das obere, rückwärtige Kissenteil einarbeiten (siehe Handbuch der Nähmaschine). Die beiden äußeren Knopflöcher weisen einen Abstand von 7 cm zu den äußeren Kanten auf. Das dritte Knopfloch mittig ausrichten.

Für die Rosetten die Stoffstreifen mit einigen Handstichen zum Ring zusammennähen. Dann den Streifen links auf links falten und die untere Kante mit einem doppelten Faden von Hand einreihen. Den Anfang des Reihfadens nicht vernähen! Dann die beiden Fadenenden so weit wie möglich anziehen und den Streifen so zu einer Rosette einkräuseln. Fadenanfang und -ende verknoten.

Die Rosetten gleichmäßig verteilt von Hand auf das vordere Kissenteil nähen, anschließend auf deren Mitte die bezogenen Knöpfe (siehe Packungsbeilage) festnähen. Auch die Knöpfe für die Knopfleiste annähen.

Material

(für ein 40 cm x 40 cm großes Kissen)

- unterschiedlich gemusterte Baumwollstoffe für die Vorderseite:
  - Vorderseite selbst, 42 cm x 42 cm
  - 8 Stoffstreifen für die Rosetten, 23 cm x 6 cm
  - Stoffreste zum Beziehen der Knöpfe
- Baumwollstoff für die Rückseite:
  - oben, 42 cm x 27 cm
  - unten, 42 cm x 40 cm
- Kissen-Inlett, 40 cm x 40 cm
- 11 Knöpfe zum Beziehen, ø 2 cm
- Näh-Grundausstattung

Tipp

Dieses Kissen ist genau das richtige Modell für Hobbynäherinnen, die gerne mit der Hand nähen. Die Rosetten werden nämlich ausschließlich von Hand gefertigt. Auf der Rückseite des Kissens ist eine Knopfleiste eingearbeitet.

Kleine Stehlampe

Zunächst einen Papierschnitt herstellen. Dazu den Schirm auf einem großen Stück Papier abrollen und dabei entlang der oberen und unteren Kante kleine Markierungen auf das Papier machen. Beginnen und enden Sie an der Nahtstelle des fertigen Schirms. Den Papierschnitt ausschneiden, auf den Stoff übertragen und an allen Kanten 1,5 cm Nahtzugabe anschneiden.

Dann den Lampenschirm mit Sprühkleber einsprühen. Den Stoff auflegen, exakt ausrichten und festkleben. Eine Längsseite 1 cm nach innen einschlagen und über die andere offene Kante kleben. Die Nahtzugaben an der oberen und unteren Kante nach innen einschlagen und ebenfalls festkleben. Über die offene Kante evtl. Zackenlitze oder dünnes Band kleben.

Für die Rüsche ein 8 cm breites Band zuschneiden, welches ca. doppelt so lang ist wie der Umfang der unteren Lampenkante. Den Stoffstreifen rechts auf rechts aufeinander steppen und wenden (siehe Zeichnung 3). Die Kanten bügeln, den Streifen zum Ring zusammennähen und die Naht auseinander bügeln. Dann mit Stickgarn oder Knopflochgarn den Streifen zu einer Rüsche einkräuseln und Fadenanfang und -ende verknoten. Die auf die entsprechende Länge eingekräuselte Rüsche mit Flüssigkleber oder der Heißklebepistole am Lampenschirm festkleben.

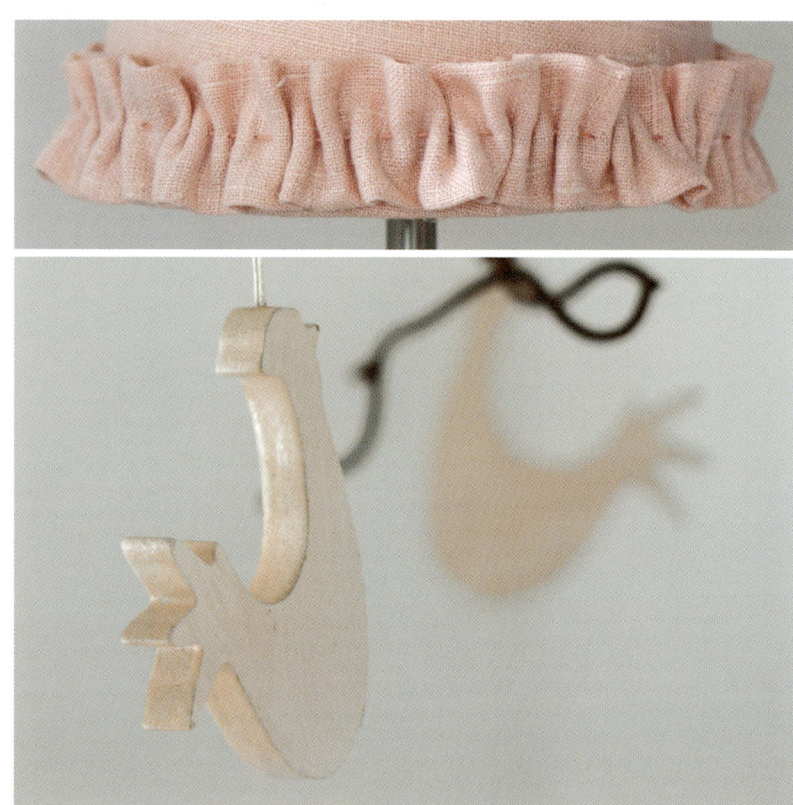

Material

- Baumwollstoff:
  - zum Beziehen
  - Streifen, 8 cm x doppelter Lampenschirmumfang
- ggf. Zackenlitze bzw. dünnes Band
- Lampenschirm
- Stick- oder Knopflochgarn
- Sprühkleber
- Klebestift
- Flüssigkleber bzw. Heißklebepistole
- Papier
- Schere

Tipp

Zum Beziehen von Lampenschirmen eignen sich eher weiße bzw. helle Lampenschirme. Sie sind lichtdurchlässiger als gemusterte oder farbige Schirme. Machen Sie am besten eine „Lichtprobe" bei eingeschaltetem Licht.

Schnelle Deko-Idee

Blätterrahmen

Sie haben alte Bilderrahmen im Keller liegen, zum Beispiel aus massivem Eichenholz oder in nicht mehr aktuellen Farbtönen? Eine Verjüngungskur ist schnell gemacht. Dafür die Holzrahmen eventuell mit Schleifpapier anschleifen, den Staub entfernen und mit Sprühlack neu lackieren. Trocknen Sie einige Blätter aus dem Garten, die Sie anschließend auf einen Stoffhintergrund kleben. Schon ist die neue, farblich perfekt auf den neu bezogenen Sessel und das Sofa in frischem Gewand abgestimmte Deko-Idee fertig!

Bodenkissen

Material
• Baumwollstoff
• Bodenkissen
• Reißverschluss
• Näh-Grundausstattung

Für dieses Bodenkissen sollten Sie zunächst die gesamte Größe des Kissens ausmessen und die Vorderseite inklusive Nahtzugabe aus Stoff zuschneiden. Für die Rückseite zwei Teile, die jeweils halb so groß wie das Vorderseitenteil sein sollten, mit jeweils zusätzlich ringsum 1 cm Nahtzugabe zuschneiden.

Die beiden rückwärtigen Kissenteile an der Reißverschlussnaht ca. 5 cm zunähen. Die Nahtzugaben auseinander bügeln und den Reißverschluss einnähen (siehe Zeichnung 4). Dann die Vorder- und Rückseite des Kissens rechts auf rechts aufeinander nähen, das Kissen wenden und die Kanten bügeln.

Anschließend das Kissen wieder auf die linke Seite wenden und die Ecken abnähen (siehe Zeichnung 11). Hierzu die Nähte rechts auf rechts aufeinander legen, zunächst eine Ecke mit Nadeln quer abstecken, dass Kissen wieder wenden und die Passform überprüfen. Dann alle Nähte abnähen und die Kanten bügeln.

Raffiniert gerüscht

Hocker

Nicht nur ein Sofa oder ein Sessel lassen sich mit einem Bezug oder einer Husse aufpeppen, nein, auch ein Hocker freut sich über ein neues Gewand. Dazu die Husse wie vorne beschrieben (siehe Seite 32/33) nähen und lediglich die Saumblende weglassen. Für die Rüsche einen 18 cm breiten Stoffstreifen zuschneiden, welcher ca. doppelt so lang ist wie der Umfang des Hockers. Den Stoffstreifen rechts auf rechts aufeinander steppen und wenden (siehe Zeichnung 3). Die Kanten bügeln, den Streifen zum Ring zusammennähen und die Naht auseinander bügeln. Dann mit der Nähmaschine den Streifen einkräuseln, dazu einen Reihfaden einnähen. Stellen Sie dafür an Ihrer Nähmaschine einen größeren Steppstich ein und lösen Sie die Fadenspannung, Nahtanfang und Nahtende nicht verriegeln! Dann den Unterfaden anziehen und den Stoff einkräuseln. Wer mag, kann die Rüsche auch von Hand mit dickerem Stickgarn einkräuseln. Die fertige Rüsche mit der Nähmaschine an die untere Kante der Husse nähen.

Wohnzimmer in Schwarz und Weiß

Das gleiche Wohnzimmer, das aber durch eine andere Farbkombination ganz anders wirkt – und das alleine durch den Einsatz anderer Stoffe! Auch hier wurde die Wandfarbe Weiß gewählt – die wohl neutralste Farbe, die mit allen anderen Tönen kompromisslos kombinierbar ist. Sie spiegelt Eleganz und Ruhe wider. In Verbindung mit Grau- und Schwarztönen wirkt das Zimmer jetzt sehr klar und modern. Alle Accessoires wurden auf diese Farbwelt abgestimmt, lediglich die Blumen setzen andersfarbige Akzente!

Gemütliches Sofa

Sie haben zuhause ein Sofa, das eigentlich noch sehr bequem, aber nicht mehr ganz so ansehnlich ist? Wie wäre es dann mit einem neuen Gewand für das gute Stück? Zuerst sollten Sie klären, ob Sie lieber eine Husse oder einen festen Bezug, welcher am Sofagestell befestigt wird, nähen möchten. Hussen können leichter „nachgenäht" werden. Dazu wird der alte Bezug auseinander geschnitten und als Schnittmuster verwendet. Trotzdem handelt es sich um ein Nähprojekt, für das Sie etwas Näherfahrung mitbringen sollten. Außerdem sollte man an dieser Stelle erwähnen, dass das Nähen eines neuen Bezuges mit viel „Probieren" verbunden sein wird. Auch das Auseinanderschneiden eines alten Bezuges wird nicht auf Anhieb das perfekte Schnittmuster ergeben. Alte Bezüge sind nämlich häufig ausgeleiert und ihre Passform somit nicht mehr ideal! Wer also ein Möbelstück neu beziehen möchte, sollte Geduld mitbringen und sich auf Korrekturen einstellen. Die genaue Vorgehensweise zum Beziehen des Sofas entnehmen Sie bitte der Sofa-Beschreibung aus dem Wohnzimmer in Apricot und Rot (siehe Seite 32/33).

Material

- Leimholzbretter, 22 mm stark:
  · Tischplatte, 58 cm x 54 cm
  · 2 Seitenteile, 43 cm x 13 cm
  · 2 Seitenteile, 47 cm x 13 cm
- 4 Kanthölzer, 3,5 cm x 3,5 cm, 40 cm lang (als Tischbeine)
- Acryllack
- Leim
- 16 Holzdübel, ø 6 mm

- 4 Metallwinkel
- Universalschrauben, 3,5 x 16 mm
- Bleistift
- ggf. Markierspitzen
- ggf. Schraubzwingen oder Spanngurte
- Hammer
- Pinsel/Lackierrolle
- Schwingschleifer
- Bohrmaschine mit passenden Bohraufsätzen
- Stichsäge

Tipp

Mit Acryl aus der Pistole lassen sich kleine Ungenauigkeiten beim Zusammenleimen oder auch im Holz ausbessern und sind anschließend kaum noch sichtbar. Achten Sie beim Kauf auf überstreichbares Acryl.

Couchtisch

Dieser Tisch ist schnell und leicht nachzubauen. Er besteht aus vier Kanthölzern, die als Tischbeine fungieren, einer Tischplatte und vier seitlichen Streben. Als Material werden einfache, gehobelte Leimholzbretter aus dem Baumarkt verwendet, die auf die entsprechende Maße zugeschnitten wurden. Aus zwei Seitenteilen dieses Tischs wurde mit der Stichsäge ein Muster ausgeschnitten. Die einzelnen Teile des Tischs werden mit Holzdübeln verbunden. Stimmen Sie die Größe der Holzdübel auf die Größe des Holzbohrers ab! Die Tiefe des Bohrlochs sollte immer mindestens die halbe Dübellänge aufweisen.

Die Vorlage (siehe Zeichnung 13) kopieren, ausschneiden und die Kontur mit Bleistift auf die beiden 47 cm langen Seitenteile übertragen. Mit einer Stichsäge die Konturen ausschneiden und die Kanten mit einem Schwingschleifer glätten.

Nun alle Teile lackieren. Nach dem Trocknen die Oberfläche mit einem Schwingschleifer kurz anschleifen, den Staub entfernen und alle Holzteile nochmals lackieren.

Nun die Seitenteile zwischen die Beine montieren. Hierzu mit einem Holzbohrer in jede Seite der vier Tischverstrebungen zwei Löcher bohren. Die Löcher sollten exakt mittig liegen und ca. einen Abstand von 4,5 cm zur oberen und unteren Kante aufweisen.

Anschließend jedes Brett mit den eingebohrten Löchern bündig an das jeweilige Tischbein halten, die Lage der Löcher auf das Tischbein übertragen und mit der Bohrmaschine genau an den markierten Stellen ebenfalls zwei Löcher einbohren. Hierzu gibt es im Baumarkt auch sogenannte Markierspitzen zu kaufen, die das Übertragen der Bohrlochpositionen erleichtern.

Dann die Holzdübel mit einem Klecks Leim in die Seitenteile hämmern. Zusätzlich Leim auf die Kanten der Seitenteile geben und die Dübel in die Tischbeine pressen. Falls vorhanden, die zusammengesetzten Teile mit Schraubzwingen oder Spanngurten fixieren und über Nacht trocknen lassen.

Nun die obere Kante der Tischbeine und der Tischverstrebungen mit Leim einstreichen, die Platte auflegen und trocknen lassen. Nach dem Trocknen die Tischplatte zusätzlich von unten mit kleinen Metallwinkeln an den Tischbeinen befestigen.

Kissen mit Zackenlitze

Bei diesem Kissen mit aufgesteppter Zackenlitze und einem 5 cm breiten Stehsaum können Sie Ihrer Kreativität freien Lauf lassen. Die Zackenlitze wird mit Nadeln aufgesteckt und anschließend mit der Nähmaschine festgenäht. Auf der Rückseite wird das Kissen durch Knöpfe geschlossen.

Mit Schneiderkreide oder einem Bleistift ungefähr den Verlauf der Zackenlitze, wie auf dem Foto gezeigt, auf das vordere Kissenteil aufzeichnen. Dann mit Nadeln die Zackenlitze feststecken und mit der Nähmaschine aufnähen. Wenn das Kissen gedreht wird, die Nadel im Nähgut stecken lassen!

Für die Knopfleiste an beiden rückwärtigen Schnittteilen jeweils eine 56 cm lange Seite zweimal 5 cm nach links umbügeln und knappkantig feststeppen. Dann das kürzere Teil so weit über das längere Schnittteil legen, dass man auf eine Gesamtlänge von 56 cm kommt. Diese Länge nochmals auf die Länge der Vorderseite abstimmen und die beiden rückwärtigen Teile ca. 2 mm bis 3 mm breit (innerhalb der Nahtzugabe) festnähen.

Das vordere und rückwärtige Kissenteil rechts auf rechts aufeinander legen und ringsum aufeinander steppen, die Ecken schräg abschneiden. Nun das Kissen wenden, die Ecken vorsichtig mit einer Schere herausdrücken und die Kanten bügeln. Anschließend das Kissen entlang der äußeren Kanten mit Nadeln aufeinander stecken und im Abstand von 5 cm ringsum absteppen. Fertig ist der Stehsaum!

Jetzt die Knopflöcher (siehe Handbuch der Nähmaschine) einarbeiten. Die beiden äußeren Knopflöcher weisen einen Abstand von 12 cm zu den Außenkanten auf. Das dritte Knopfloch mittig ausrichten. Zum Schluss die Knöpfe annähen.

Material
(für ein 55 cm x 55 cm großes Kissen)
- Baumwollstoff für die Vorderseite:
  · 56 cm x 56 cm
- Baumwollstoff für die Rückseite:
  · oben, 56 cm x 32 cm
  · unten, 56 cm x 48 cm
- Kissen-Inlett, 45 cm x 45 cm
- Zackenlitze, ca. 3 m lang
- 3 Knöpfe, ø 2 cm
- Bleistift
- Näh-Grundausstattung

Kissen mit Stickerei

Dieses Kissen zeichnet sich durch seine Stickerei und einen 5 cm breitem Stehsaum aus. Hier wird mit einem einfachen Heftstich ein vorgegebenes Muster nachgestickt. Der Heftstich ist der wohl einfachste Stickstich und auch derjenige, mit dem am schnellsten ein solches Ergebnis zu erzielen ist. Der Stehsaum wird ebenfalls mit diesem Stich von Hand abgenäht.

Für das aufgestickte Ornament die Vorlage (siehe Zeichnung 14) kopieren, ausschneiden und mittig auf die Vorderseite des Kissens legen. Die Konturen entweder hauchdünn mit Bleistift aufzeichnen oder einen Textilmalstift verwenden, dessen Farbe nach dem Bügeln wieder verschwindet. Mit einem Heftstich die Kontur nachsticken. Hierzu die Nadel in den Stoff einstechen, nach ca. 1 mm bis 2 mm wieder ausstechen und dann nach ca. 4 mm wieder in den Stoff einstechen. Der 4 mm lange Stich ist der sichtbare Stich auf der Vorderseite!

Für die Knopfleiste an beiden rückwärtigen Schnittteilen jeweils eine 56 cm lange Seite zweimal 5 cm nach links umbügeln und knappkantig feststeppen. Das kürze Teil so weit über das längere Schnittteil legen, dass man auf eine Gesamtlänge von 56 cm kommt. Diese Länge nochmals auf die Länge der Vorderseite abstimmen. Die beiden rückwärtigen Kissenteile ca. 2 mm bis 3 mm breit innerhalb der Nahtzugabe festnähen.

Das vordere und rückwärtige Kissenteil rechts auf rechts aufeinander legen und ringsum aufeinander steppen, die Ecken schräg abschneiden. Das Kissen wenden, die Ecken vorsichtig mit einer Schere herausdrücken und die Kanten bügeln. Dann das Kissen entlang der äußeren Kanten mit Nadeln aufeinander stecken und im Abstand von 5 cm den Stehsaum abnähen.

Nun die Knopflöcher einarbeiten (siehe Handbuch der Nähmaschine). Die beiden äußeren Knopflöcher weisen einen Abstand von 12 cm zur Außenkante auf, das dritte Knopfloch mittig ausrichten. Zum Schluss die Knöpfe annähen.

Material
(für ein 55 cm x 55 cm großes Kissen)

- Baumwollstoff für die Vorderseite:
  · 56 cm x 56 cm
- Baumwollstoff für die Rückseite:
  · oben, 56 cm x 32 cm
  · unten, 56 cm x 48 cm
- Kissen-Inlett, 45 cm x 45 cm
- Stickgarn
- Bleistift/Textilmalstift
- Näh-Grundausstattung

Rollo

Das Rollo sollte 10 cm bis 15 cm oberhalb des Fenstersturzes angebracht werden und an beiden Seiten mindestens 5 cm überstehen. Den Rollo-Rohling mit dem beigefügten Montagematerial an die Wand bohren.

Für den Zuschnitt zunächst Länge und Breite des fertigen Rollos bestimmen. In der Breite 8 cm und in der Länge 2,5 cm Nahtzugabe anschneiden.

Zum Verstürzen der unteren Kante benötigen Sie ein ca. 22 cm hohes und genauso breites Stück Stoff wie das eigentliche Rollo, man nennt dieses Schnittteil Beleg. Bei dünnen Stoffen bekleben Sie den Beleg mit Vlieseline. Dann bügeln Sie an diesem Schnittteil zunächst eine lange Seite ca. 1 cm nach links um und stecken es dann rechts auf rechts auf das Rollo. Danach die zwei Schnittteile aufeinander steppen (siehe Zeichnung 10), die Nahtzugaben auf 5 mm zurückschneiden, die Ecken schräg abschneiden und die Teile wenden. Die Ecken sorgfältig mit einer Schere ausdrücken, bügeln und die bereits 1 cm breit umgebügelte Kante festnähen. Steppen Sie unterhalb dieser Naht im Abstand von ca. 3 cm bis 4 cm eine zweite Naht. Es entsteht dadurch ein Tunnel, in den später die beigefügte Metallstange zum Beschweren des Rollos eingeschoben wird (Tunnelbreite auf Durchmesser der Metallstange abstimmen).

Nun die äußeren Kanten 4 cm nach innen umbügeln. Die obere Kante ebenfalls 1,5 cm nach links umbügeln, die weiche, flauschige Seite des Klettbands darüber feststecken und sorgfältig festnähen. Anschließend die Schlaufenbänder aufnähen. Die beiden äußeren Bänder verdecken die seitlichen Schnittkanten des Stoffs, das dritte liegt exakt in der Mitte des Rollos. Die erste Schlaufe beginnt jeweils direkt am Tunnel!

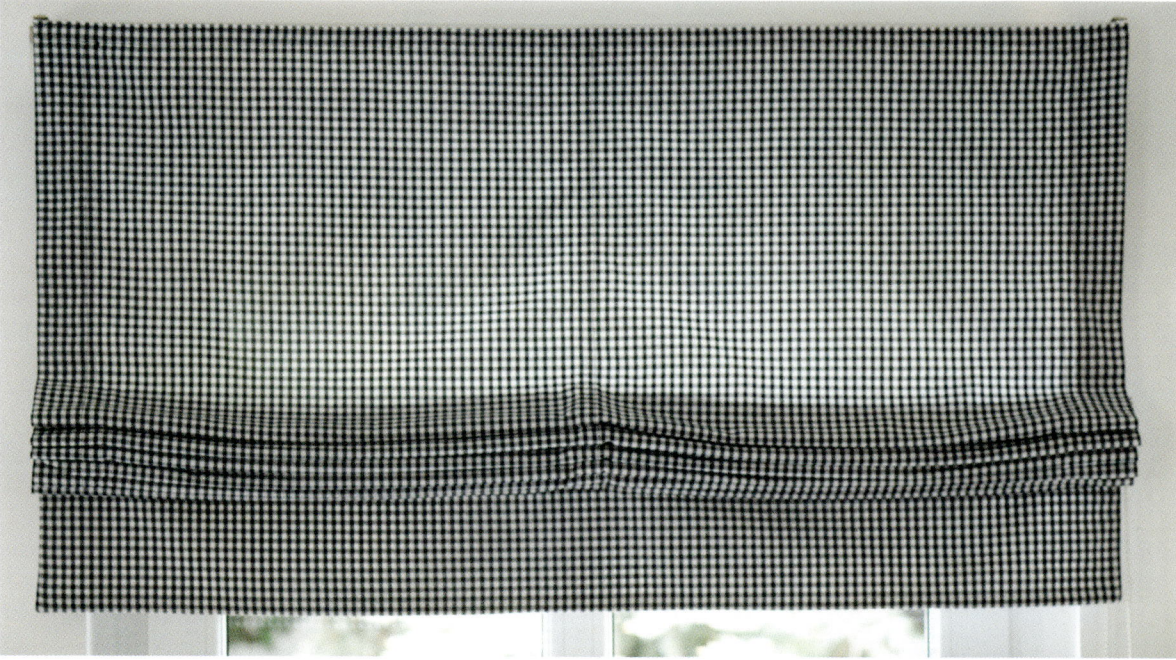

Je nach Breite des Rollos weist der Rohling unterschiedlich viele Aufwickelvorrichtungen auf. Je breiter das Rollo ist, desto mehr Schlaufenbänder sollten Sie aufnähen. Bei schmalen Rollos sind drei Bänder ausreichend.

Für die Montage nun am eingenähten Tunnel mit einer kleinen Schere einige Stiche auftrennen und die Stange zum Beschweren des Rollos einschieben. Dann den Stoff am Klettband befestigen und die Aufwickelvorrichtungen exakt über den Schlaufenbändern justieren (kleine Stellschrauben an den

Rollen)! Die Aufwickelrollen durch das seitliche Perlenband des Rollos (das Band, mit dem man das Rollo bewegt) in die richtige Position bringen, die abgerollten Bänder durch die Schlaufen führen und jeweils an die unterste Schlaufe knoten. Die Bänder aber nicht abschneiden, die nicht benötigte Bandlänge verbleibt auf der Abwickelvorrichtung! Testen, ob der Faltenwurf am Rollo exakt verläuft, ggf. die Knoten lösen und Korrekturen vornehmen.

Material

- Baumwollstoff
- ggf. Vlieseline
- Rollo-Rohling
- Klettband-Flauschseite
- Rolloschlaufenband
- Bohrmaschine mit passenden Bohraufsätzen
- Näh-Grundausstattung

Tipp

Für dieses Fenster wurde ein sogenannter Rollo-Rohling verwendet. Diese Rohlinge beinhalten die Aufhänge- und Aufwickelvorrichtung sowie alle Bänder, die für die Montage eines Rollos notwendig sind. Diese Rohlinge können Sie in Gardinenfachgeschäften oder in den Gardinenabteilungen der Baumärkte bestellen. Hier können Sie gezielt Ihre Wunschmaße in Auftrag geben. Durch den Kauf des Rohlings erspart man sich viel Arbeit, denn das Nähen des eigentlichen Rollos ist schnell gemacht. Da die Gardinengeschäfte Systeme verschiedener Hersteller anbieten, sollten Sie zusätzlich die beigefügte Montageanleitung studieren.

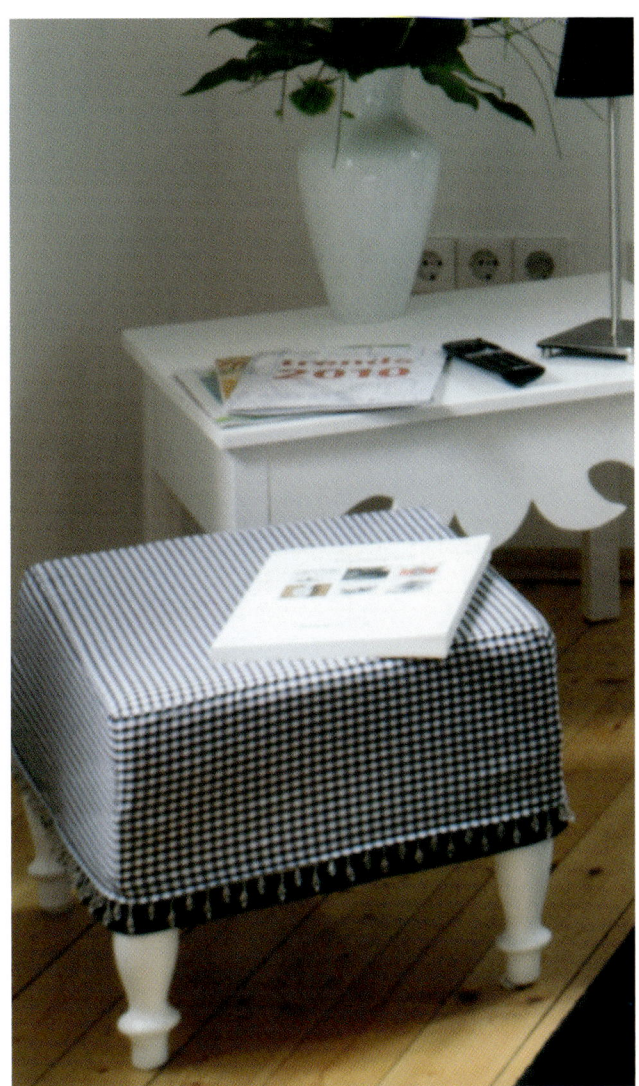

Hockerhusse

Haben Sie einen alten Fußhocker, der durch jahrelange, treue „Dienste" etwas abgenutzt wirkt, aber zum Wegwerfen zu schade wäre? Eine neue Husse ist nicht schwer zu nähen und lässt sich bei Bedarf abziehen und waschen.

Für den Zuschnitt der Husse zunächst die Oberseite des Hockers ausmessen und das Schnittteil mit 1 cm Nahtzugabe an jeder Seite zuschneiden. Entsprechend dieser Maße anschließend auch die Seitenteile zuschneiden. Da an die untere Kante ein separates Saumteil angesetzt wird, die Seitenteile ca. 2 cm kürzer als die Gesamtlänge zuschneiden.

Dann geht es ans Nähen: Zunächst die Seitenteile nacheinander an das obere Teil der Husse nähen. Hierzu die jeweiligen Schnittteile rechts auf rechts aufeinander steppen, dabei am Anfang und Ende der Naht 1 cm Nahtzugabe offen lassen. Nach dem Annähen der vier Seitenteile die Seitennähte schließen. Mit dem Nähen direkt am letzten Stich der oberen Naht beginnen und an der unteren Kante der Seitenteile enden!

Für den Saum den exakten Umfang der Husse ausmessen. Dementsprechend lang das schwarze Saumteil zuzüglich 2 cm Nahtzugabe ringsum zuschneiden und zum Ring zusammennähen. Dann den Stoffstreifen über die gesamte Länge links auf links bügeln.

Nun die Perlenbordüre auf das Saumteil steppen. Hierzu mit Schneiderkreide eine Hilfslinie im Abstand von 1,5 cm zur oberen Kante (zur offenen Stoffkante) anzeichnen und die Perlenbordüre entlang dieser Linie mit einem Reißverschlussfüßchen annähen. Hierbei handelt es sich um ein sehr schmales Füßchen, mit dem man sehr dicht an der Perlenkante vorbei steppen kann.

Die untere Kante der Husse ringsum 1 cm nach links umbügeln und mit Nadeln über dem schwarzen Saum, so dicht wie möglich entlang der Perlenbordüre, feststecken. Das Trägerband der Perlenbordüre sollte nicht mehr sichtbar sein! Auch für diesen Arbeitsgang das Reißverschlussfüßchen einsetzen. An manchen Nähmaschinen lässt sich auch die Position der Nadel verändern, dann kann das normale Steppfüßchen verwendet werden.

Material
- Baumwollstoff für den Bezug
- Baumwollstoff für den Saum
- Hocker
- Perlenbordüre
- Reißverschlussfüßchen
- Näh-Grundausstattung

Stehlampe mit Perlenbordüre

Material
- Baumwollstoff
- Lampenschirm
- Perlenbordüre
- Zackenlitze/ Zierband
- Papier
- Sprühkleber
- Klebestift
- Flüssigkleber
- Schere

Diese Stehlampe lässt sich sehr schnell herstellen. Die Perlenbordüre gibt es in Kurzwaren- oder Bastelgeschäften zu kaufen. Sie wird nach dem Beziehen des Lampenschirms an die untere Kante der Lampe geklebt. Zum Beziehen von Lampenschirmen eignen sich weiße bzw. helle Lampenschirme, sie sind lichtdurchlässiger als gemusterte oder farbige. Machen Sie am besten eine „Lichtprobe" bei eingeschaltetem Licht.

Zunächst sollte man einen Papierschnitt herstellen. Dazu den Schirm auf einem großen Stück Papier abrollen und dabei entlang der oberen und unteren Kante kleine Markierungen auf dem Papier machen. Beginnen und enden Sie an der Nahtstelle des fertigen Schirms. Den Papierschnitt ausschneiden, um den Lampenschirm legen und die Größe nochmals kontrollieren.

Alle Konturen auf den Stoff übertragen und ringsum 1,5 cm Nahtzugabe anschneiden. Dann den Lampenschirm mit Sprühkleber einsprühen. Den Stoff auflegen, exakt ausrichten und festkleben. Eine Längsseite 1 cm nach innen einschlagen und über die andere offene Kante kleben. Die Nahtzugaben an der oberen und unteren Kante nach innen einschlagen und ebenfalls festkleben.

Über diese offene Schnittkante des Stoffes innen Zackenlitze oder ein dünnes Band kleben. Zum Schluss die Perlenbordüre an die untere Kante der Lampe kleben, hierzu Flüssigkleber benutzen.

Raffiniert gewickelt

Kleine Stehlampe

Kleine Lampenschirme gibt es vielen Möbelhäusern günstig zu kaufen. Mit etwas Klebstoff und unterschiedlichen Bändern können Sie daraus schnell und individuell eine derartige Lampe gestalten. Dazu das Band an einer beliebigen Stelle mit Sekundenkleber festkleben und dann nach Wunsch um die Lampe wickeln. Das Ende wieder festkleben. Hier wurden die obere und untere Kante zusätzlich mit Zackenlitze beklebt.

Karokissen mit Posamentenverschluss

Am oberen Vorderteil eine 32 cm lange Seite 1,5 cm nach links umbügeln. Dann den schwarzen Stoffstreifen links auf links bügeln, ca. 1 cm breit unter die umgebügelte Kante schieben und 1 cm breit feststeppen. Über der Steppnaht die Zackenlitze festnähen.

Am unteren Vorderteil eine 32 cm lange Seite ca. 4 cm nach links umbügeln und feststeppen. Dann das obere Kissenteil über das untere Kissenteil legen und auf eine Gesamtlänge von 32 cm ausrichten. Die Länge nochmals mit der Länge der Rückseite abgleichen! Dann die beiden Vorderteile innerhalb der Nahtzugabe feststeppen.

Nun das vordere und rückwärtige Kissenteil rechts auf rechts aufeinander steppen, das Teil wenden, die Ecken vorsichtig mit einer Schere herausdrücken und die Kanten bügeln.

Zum Schluss die beiden Posamentenverschlüsse und die beiden Knöpfe von Hand annähen.

Material

(für ein 30 cm x 30 cm großes Kissen)

- Baumwollstoff für die Vorderseite:
  - oben, 32 cm x 15 cm
  - unten, 32 cm x 26 cm
  - Stoffstreifen für die Paspel, 32 cm x 4 cm
- Baumwollstoff für die Rückseite:
  - 32 cm x 32 cm
- Kissen-Inlett, 30 cm x 30 cm
- Zackenlitze, 32 cm lang
- 2 kleine Posamentenverschlüsse
- 2 kleine Knöpfe, ø 1 cm
- Näh-Grundausstattung

Besonderer Clou

Regal im Rahmen

Hier musste eine alte Tür weichen. Stattdessen entstand ein Regal, welches Platz für einen Fernseher und allerlei Kleinkram bietet. Für das Regal wurde die Tür ausgehängt, eine neue Rückwand aus Holz eingebaut und zwischen den Türzargen Regalböden eingesetzt.

Esszimmer in Gelb

Das Esszimmer ist häufig der Mittelpunkt des Hauses. Hier isst nicht nur die Familie gemeinsam, sondern es wird dort auch mit Gästen gefeiert. Für dieses Esszimmer wurde die Wandfarbe Gelb gewählt. Gelb lässt einen Raum so wirken, als würde die Sonne scheinen. Da diese Farbe auch als Sinnbild für gute Stimmung und Heiterkeit gilt, ist sie als Wandfarbe für ein Esszimmer perfekt geeignet. Die Palette der Gelbtöne reicht von Sonnengelb bis hin zu Safran-, Dotter- und Maisgelb. Mit viel weißer Farbe gemischt, ergibt sich eine pastellige Variante, die sich mit nahezu allen anderen Farbtönen kombinieren lässt.

Farbenfrohe Tischdekoration

Geht es Ihnen auch manchmal so: Sie stehen in einem Stoffgeschäft und können sich für kein Muster und keinen speziellen Stoff entscheiden? Hier die Lösung: Kaufen Sie einfach alle Stoffe in kleinen Mengen und kombinieren Sie diese miteinander! Tischdecken, die lediglich ringsum ge-säumt werden, gibt es in jedem Geschäft zu kaufen. Diese Tischdecke aus sieben verschiedenen Karostoffen hier ist aber mit Sicherheit ein Unikat, welches sich mit farbigem Geschirr ebenso schön kombinie-ren lässt wie mit weißem Porzellan. Auch wenn der Tisch nicht gedeckt ist, wirkt der gesamte Raum durch die farbenfrohe Tisch-decke hell und freundlich. Aus den gleichen Stoffen lassen sich auch tolle Tischsets, passende Stuhlkissen und kleine Besteck-tütchen arbeiten. Lassen Sie sich überra-schen, wie harmonisch solch ein Farb-Mix wirken kann!

Tischdecke

Material

- unterschiedlich gemusterte Baumwollstoffe
- Zackenlitze, 1 cm breit
- Näh-Grundausstattung

Je nach Tischgröße brauchen Sie natürlich unterschiedlich viel Stoff. Als Faustregel gilt: Tischdecken sollten ringsum, also an allen vier Seiten, mindestens 20 cm über die Tischkante hängen. Berechnen Sie, wie große Ihre Tischdecke sein sollte, und geben Sie an allen Stoffkanten, die zusammengenäht werden sollen, 1 cm Nahtzugabe zu. Für den Saum sollten Sie 3 cm bis 4 cm einplanen. Da das Zusammennähen von karierten Stoffen nicht so einfach ist (Musterverlauf/Musterversatz), wird hier nach dem Zusammennähen auf alle Teilungsnähte 1 cm breite Zackenlitze aufgenäht.

Die einzelnen Stoffbahnen rechts auf rechts aufeinander legen und die Nähte steppen. Die Nahtzugaben auseinander bügeln. Dann mittig auf jeder Teilungsnaht die Zackenlitze mit Nadeln feststecken und sorgfältig aufnähen. Achten Sie darauf, dass die Litze nicht zu stramm festgesteckt wird, das führt zu Kräuseln an der Tischdecke.

Die doppelte Saumbreite auf der linken Stoffseite anzeichnen, den Stoff bis zu dieser Linie umbügeln und den gesamten Saum ringsum absteppen.

Tischsets

Statt einer großen Tischdecke können Sie auch mehrere kleine Tischsets nähen. Bei diesen Sets handelt es sich um „Wendetischsets", d. h. es wurden jeweils zwei unterschiedliche Stoffe kombiniert und durch Paspelband miteinander verbunden. Sie sind sehr einfach zu nähen und somit auch für Anfänger bestens geeignet!

Vor dem Zuschnitt sollten Sie die Größe der Tischsets auf Ihre Tellergröße abstimmen. Falls Sie extrem große Platzteller besitzen, könnte es nötig sein, die Tischsets zu vergrößern. Achten Sie aber auch darauf, dass die Sets nicht zu groß werden. Bei einem schmalen Tisch stünde in der Mitte nicht mehr ausreichend Platz für Schüsseln o. Ä. zur Verfügung. Für jedes Tischset werden zwei Stoffteile benötigt, Vorder- und Rückseite.

Auf die linke Stoffseite eines Stoffstücks die Vlieseline aufbügeln. Hierzu ein Bügeltuch verwenden und die aufgedruckten Herstellerangaben beachten.

Dann die beiden Schnittteile links auf links aufeinander legen und ringsum mit Nadeln feststecken. Mithilfe einer Tasse oder einem anderen runden Gegenstand die Ecken abrunden. Dabei die Konturen zunächst nur mit einem Bleistift aufzeichnen, aber noch nicht abschneiden! Jetzt die beiden Schnittteile knappkantig (2 mm bis 3 mm breit) aufeinander nähen und anschließend den Stoff entlang der Markierung abschneiden.

Nun das Tischset einfassen. Hierzu den Stoff lediglich zwischen das vorgebügelte Schrägband schieben und knappkantig feststeppen. Ein Ende einschlagen und über dem anderen Ende festnähen (siehe Zeichnung 7).

Material

- unterschiedlich gemusterte Baumwollstoffe:
  - je 1x Vorder- und Rückseite, 32 cm x 40 cm
- feste Vlieseline, 32 cm x 40 cm
- vorgefalztes Baumwollschrägband/Paspelband, 1,35 m lang
- Bleistift
- Tasse o. Ä.
- Näh-Grundausstattung

Tipp

Wer jetzt noch Stoffreste zur Verfügung hat, kann zusätzlich Servietten nähen. Hierzu die äußeren Kanten eines Stoffstücks in der gewünschten Größe zweimal ca. 0,7 cm breit nach links einschlagen und feststeppen.

Bestecktütchen

Für diejenigen, die lieber basteln als nähen, sind diese Bestecktütchen genau das Richtige. Hier finden Besteck, Brot, kleine Begrüßungsgeschenke oder auch Servietten ihren Platz. Die Tütchen bestehen aus fester Lampenschirmfolie (aus dem Bastelgeschäft), die mit Stoff beklebt und deren Kanten mit Schrägband eingefasst wurden. Wer keine Lampenschirmfolie bekommt, kann auch auf feste weiße Pappe zurückgreifen, die aber leider schnell Dellen bekommt und nicht die gewünschte Standfestigkeit mit sich bringt. Es ist natürlich auch möglich, die Tütchen mit Papier anstatt mit Stoff zu bekleben. Seien Sie kreativ!

Das Schnittmuster (siehe Zeichnung 15) kopieren, ausschneiden und aus der Folie zuschneiden. Zunächst ein nur grob zugeschnittenes Stoffstück auf die mit Sprühkleber besprühte Lampenschirmfolie kleben und die Form ausschneiden. Die obere Kante mit Schrägband einfassen (siehe Zeichnung 6). Wer auf den Einsatz der Nähmaschine verzichten möchte, kann hier auch anders Zierband (Zackenlitze o. Ä.) über die Schnittkante des Tütchens kleben.

Material

- Baumwollstoff
- Lampenschirmfolie
- vorgefalztes Schrägband/Zierband, 30 lang
- Chiffonband, 50 cm lang
- Sprühkleber
- Schere
- Heißklebepistole
- Büroklammern/ Wäscheklammern
- Näh-Grundausstattung

Zum Schluss wird die Längsnaht geklebt. Dieser Arbeitsgang ist etwas mühsam: Man sollte darauf achten, dass man die Tüte an der oberen Kante mindestens 1 cm breit überlappend zusammenklebt. Durch den Einsatz der Heißklebepistole muss das Zusammenkleben möglichst schnell erfolgen, hier sind vielleicht zwei weitere helfende Hände sinnvoll. Die Position der Naht lässt sich mit Büro- oder Wäscheklammern fixieren!

Die fertigen Tütchen zum Schluss mit einer Chiffonschleife schmücken.

Alter Vitrinenschrank

Stöbern Sie gern auf Flohmärkten oder gibt es alte Erbstücke in Ihrem Keller, die darauf warten „aufgemöbelt" zu werden? Auch das Internet bietet hier eine Vielzahl von originellen Möbelstücken, die – etwas aufgepeppt – einen Ehrenplatz in Ihrem Haus einnehmen können. Arbeit macht es natürlich schon, ein altes Vitrinenschränkchen abzuschleifen und neu anzustreichen, aber es lohnt sich!

Untersuchen Sie zunächst das Holz des Möbelstücks. Ist es Massivholz oder nur Furnier? Massive Holzmöbel lassen sich ablaugen, abbeizen oder sandstrahlen, um sie von alten Farbresten zu befreien. Bei furnierten Möbelstücken ist das leider nicht möglich. Auch der Einsatz eines Schwingschleifers ist nur begrenzt zu empfehlen, hier ist viel Handarbeit gefragt! Fehlen Teile am Möbelstück oder sind die Regalböden, Türen oder Scharniere defekt? Diese Teile müssen entweder ersetzt oder ausgetauscht werden. An diesem Schrank war leider die Tür am unteren Teil des Schränkchens kaputt und nicht mehr von einem Laien zu reparieren. Deshalb wurden sie einfach komplett entfernt, eine fachmännische Reparatur wäre zu kostspielig gewesen. Der schon etwas abgenutzte Regalboden wurde mit Stoff bezogen – und nun sieht es so aus, als gehöre das schon immer so. Hierzu ein Stoffstück zuschneiden, welches ringsum etwa 7 cm größer ist als der Einlegeboden. Den Stoff mit einem Tacker an der unteren Seite des Brettes festtackern.

Stuhlkissen

Bei diesen Stuhlkissen wurden für die Vorder- und Rückseite zwei unterschiedliche Karostoffe gewählt. Kombinieren Sie hier Ihre Favoriten miteinander. Die Farbkombination spiegelt sich bei den Schleifen wider. Wer mag, kann für die Schleifen aber auch ganz andere Stoffe wählen.

Da jede Stuhlform unterschiedlich ist, müssen Sie zunächst ein Schnittmuster Ihrer Sitzfläche erstellen. Dazu ein ausreichend großes Stück Papier auf einen Tisch legen, die Sitzfläche des Stuhls darüber stülpen und dessen Form auf das Papier übertragen. Das Schnittmuster ausschneiden.

Für den Zuschnitt zuerst aus der Schaumstoffplatte das Sitzkissen ausschneiden, anschließend aus dem Baumwollstoff die Vorderseite mit ringsum 2,5 cm Nahtzugabe zuschneiden. Für die Rückseite knicken Sie den Papierschnitt zur Hälfte und schneiden zwei Teile zu, an den Außenkanten mit 2,5 cm Nahtzugabe, an der geraden

Kante (Reißverschlussbereich) mit 1,5 cm Nahtzugabe!

Jetzt geht es ans Nähen: Die beiden Schnittteile für die Rückseite des Sitzkissens rechts auf rechts aufeinander legen und den Bereich für den Reißverschluss am oberen und unteren Ende ca. 3 cm breit zunähen. Die Nahtbreite beträgt 1,5 cm. Die Nahtzugaben auseinander bügeln, im weiteren Verlauf den Stoff ebenfalls entlang des Reißverschlusses 1,5 cm nach links umbügeln. Dann den Reißverschluss einnähen (siehe Zeichnung 5).

Nun die Schleifen nähen (siehe Zeichnung 2). Dazu die Stoffstreifen jeweils entlang der beiden langen Seiten und anschließend entlang einer kurzen Seite 1 cm nach links umbügeln. Dann den Streifen nochmals zur Mitte falten und ringsum knappkantig absteppen. Die fertigen Schleifenbänder auf das obere Kissenteil stecken (Position am Stuhl überprüfen), das offene Ende liegt jeweils innen.

Das rückwärtige Sitzkissenteil rechts auf rechts darüber stecken und alle Teile 1 cm breit zusammennähen. Die Ecken schräg abschneiden, das Sitzkissen durch den Reißverschluss wenden und die Kanten bügeln.

Material

- unterschiedlich gemusterte Baumwollstoffe:
  - Zuschnitt für die Vorder- und Rückseite
  - 4 Streifen, 8 cm x 60 cm
- Wäschereißverschluss
- Schaumstoffplatte, 2 cm stark
- Bleistift
- Papier
- Näh-Grundausstattung

Kleiner Besteckkasten

Haben Sie vielleicht einen alten Holzkasten zu Hause, der durch sein Äußeres eher ein „Schattendasein" fristet? Entfernen Sie den alten Lack durch Abschleifen und Abbeizen und streichen Sie ihn neu. Zusätzlich nähen Sie ein kleines Deckchen – schon ist ein ansehnlicher Besteckkasten entstanden, in dem alte Schätze aufbewahrt werden können.

Material

- Leimholzbretter, 18 mm stark:
  · 7 lange Bretter für die Seiten- und Rückwand, 20 cm x 2 m
  · 7 kürzere Bretter für oben und unten und als Einlegeböden, 20 cm x 96,4 cm
- 7 Zierleisten, 4 cm breit, 1 m lang
- Acryllack
- Universalschrauben, 3,5 mm x 50 mm
- kleine Nägel
- Holzleim
- Pinsel/Lackierrolle
- Schwingschleifer
- Bohrmaschine/ Akkubohrer mit passenden Bohraufsätzen
- Stichsäge

Regal

Das Regal besteht aus einfachen, weiß gestrichenen Leimholzbrettern aus dem Baumarkt, ist 2 m hoch und 1 m breit. Auf die Stirnseite der Einlegeböden wurden Zierleisten genagelt, die dem doch eher schlichten Regal eine individuelle Note verleihen.

Alle Bretter von beiden Seiten lackieren und trocknen lassen. Dann die Oberfläche mit einem Schwingschleifer kurz anschleifen, den Schleifstaub entfernen und nochmals lackieren. Diese Arbeit sollten Sie unbedingt für die Oberseite der Einlegeböden durchführen, denn durch das Lackieren haben sich die Holzfasern nach oben gestellt und das Brett weist eine raue Oberfläche auf!

Nun in das erste Seitenteilbrett für jeden Einlegeboden jeweils zwei Löcher vorbohren. Hierzu einen Holzbohrer benutzen, der etwas kleiner als die Schrauben ist. Es soll lediglich ein kleines Loch für die Schrauben durchgebohrt werden, damit das eigentliche Befestigen mit Schrauben erleichtert wird! Damit die Löcher auf beiden Seitenteilen vollkommen deckungsgleich sind, bohrt man zunächst alle Löcher auf einem Seitenteil vor, legt dann dieses Brett über das andere Seitenteil, nimmt erneut die Bohrmaschine zur Hand und bohrt vorsichtig durch die Löcher des ersten Bretts; man hinterlässt dadurch kleine Markierungen auf dem darunterliegenden Brett. Sind die Markierungen gemacht, das obere Brett entfernen und die Löcher ins zweite Seitenteil einbohren. Für das obere Brett zwei Löcher mit einem Abstand von 0,9 cm zur oberen Kante (halbe Brettbreite) einbohren. Für das untere Brett werden jeweils zwei Löcher ca. 8 cm bis 10 cm oberhalb der unteren Kante benötigt (Platz für Staubsauger/ Besen). Die Abstände der anderen Einlegeböden den eigenen Bedürfnissen anpassen (Größe von Weingläsern, Tellern, Vasen etc.).

Wenn an den Seitenteilen alle Löcher vorgebohrt sind, können die Einlegeböden an das erste Seitenteil geschraubt werden. Hierzu die Schrauben zunächst jeweils vorsichtig durch das Brett schrauben (durch die Vorbohrungen), bis die Spitze zu sehen ist. Nun den Einlegeboden mittig davor schieben und die Schraube so fest wie möglich in den Einlegeboden schrauben. So bei beiden Seitenteilen vorgehen und ggf. die Hilfe einer zweiten Person in Anspruch nehmen.

Nachdem alle Böden an den beiden Seitenteilen fixiert wurden, die Rückseite mit den restlichen fünf langen Brettern verkleiden. Hierzu die Bretter mit kleinen Nägeln befestigen. Wer mag, kann die Bretter auch mit kleinen Schrauben anbringen.

Zum Schluss die lackierten Leisten mit Holzleim an die vorderen Kanten der Regalböden kleben. Diese zusätzlich mit kleinen Nägeln befestigen.

Tipp

In diesem Regal stehen viele Utensilien für den täglichen Gebrauch griffbereit zur Verfügung. Es bietet zusätzlich noch ausreichend Platz für kleine Ausstellungsstücke, die man gern präsentiert. Spielen Sie hier mit Farben! Stellen Sie zum Beispiel kleine Glasteile in ähnlichen Farben und Formen zu Grüppchen zusammen! Das Regal weist eine Tiefe von 20 cm auf. Wollen Sie Teller oder größere Schüsseln hineinstellen, sollten Sie es etwas breiter konzipieren.

Arbeitszimmer in Grün und Weiß

Ein Arbeitszimmer muss nicht wie ein „Standardbüro" aussehen. Mit etwas Kreativität kann daraus ein ganz individueller Raum werden, in dem Arbeiten richtig Spaß macht. Für dieses Zimmer wurden ausschließlich die Farben Grün und Weiß verwendet. Grün gilt als Gute-Laune-Farbe und erinnert an Wälder, Wiesen und Freiheit. Das elegante, klare, frische Weiß und das lebensbejahende Grün setzen Energien frei, die in einem Arbeitszimmer durchaus willkommen sind.

Elegant und zierlich

Schreibtisch Marke „Eigenbau"

Für diesen Schreibisch benötigen Sie lediglich fünf Bretter und vier Beine, die Sie in den verschiedensten Formen und Größen in Holzmärkten, im Internet oder in gut sortierten Baumärkten finden. Diejenigen, die sich ein solches Projekt nicht zutrauen, lassen die fertig zugeschnittenen Teile aus dem Baumarkt vom Schreiner zusammenleimen und übernehmen das Lackieren wieder selbst – das spart Geld!

Wählen Sie zunächst die Beine aus und überlegen Sie dann, wie Ihr Tisch konkret aussehen und welche Größe er haben soll. Lassen Sie sich die Tischplatte aus mindestens 22 mm starkem Leimholz oder einer MDF-Platte zuschneiden.

Die Streben zwischen den Tischbeinen lassen Sie sich nur grob im Baumarkt zuschneiden, das Ausformen der Bretter erfolgt mit der Stichsäge. Dafür fertigen Sie einen Papierschnitt an, den Sie ggf. auch dem Schreiner vorlegen können. Die Kanten werden mit einer Oberfräse abgerundet, das verleiht dem Tisch ein edleres Aussehen.

Alle Teile mit Holzdübeln und Holzleim miteinander verbinden. Metallwinkel, die zwischen die Beinen und die Tischplatte montiert werden, erhöhen zusätzlich die Stabilität.

Lackiert wird der Tisch mit Acryllack, der mit einer Lackierrolle und einem Pinsel aufgetragen wird. Den Tisch zunächst mit Vorstreichfarbe bzw. einer Grundierung bearbeiten und anschließend mit Acryllack streichen. Nach dem ersten Anstrich muss die Tischplatte unbedingt mit sehr feinem Schleifpapier angeschliffen, vom Staub befreit und ein weiteres Mal lackiert werden. So erhalten Sie eine glatte, stoßfeste Oberfläche.

Pinnwand

Material

- Baumwollstoff, 90 cm x 70 cm
- Spanplatte, 10 mm stark, 90 cm x 70 cm
- 2 Bilderrahmenleisten, 3 cm breit, 92 cm lang
- 2 Bilderrahmenleisten, 3 cm breit, 72 cm lang
- Leimholzbrett, 18 mm stark, 70 cm x 8 cm
- Schmuckleiste, 3 cm breit, 70 cm lang
- 3 Papierklemmen mit Bohrung
- 2 Aufhänger
- Sprühkleber
- 4 Holzschrauben, ca. 3 cm bis 4 cm lang
- 3 Universalschrauben
- Acryllack
- Pinsel
- Schere
- Holzleim/Montagekleber
- kleine Handsäge
- Bohrmaschine/Akkubohrer mit passenden Bohraufsätzen

Zunächst alle Leisten, die äußeren Kanten der Spanplatte sowie das Leimholzbrett streichen und trocknen lassen.

Für das Ablagebrett mit einem kleinen Holzbohrer gleichmäßig verteilt vier Löcher in der langen Seite des Leimholzbretts vorbohren. Dann dieses Brett ca. 11 cm von der unteren Kante entfernt mittig auf die Spanplatte legen, die Position der Löcher mit Bleistift markieren und mit einem sehr kleinen Bohrer auch die Löcher in der Spanplatte vorbohren. Das Ablagebrett jetzt aber noch nicht montieren!

Die Spanplatte mit ausreichend Sprühkleber besprühen und den Stoff gleichmäßig aufkleben. Achten Sie auf den Verlauf des Musters! Bei den Bohrlöcher mit einer kleinen Schere in den Stoff ritzen.

Die Schrauben zunächst von hinten durch die Spanplatte und dann in die kleinen Vorbohrungen der Leimholzplatte bohren. Anschließend die Zierleiste mit Holzleim oder Montagekleber befestigen.

Die Bilderrahmenleisten mit einer kleinen Handsäge auf Gehrung zusägen und mit Leim oder Montagekleber ringsum befestigen.

Zum Schluss die Papierklemmen und die Aufhänger mit kleinen Schrauben anbringen.

Regalbrett

Mit einer ausgefallenen Zierleiste aus dem Holzfachmarkt wird aus einem einfachen Leimholzbrett ein echter Hingucker. Das „Tuning" ist schnell gemacht und trotzdem sehr wirkungsvoll – Mühe, die sich lohnt!

Das Leimholzbrett, die Zierleiste sowie die Konsolen lackieren und trocknen lassen. Dann die Zierleiste an das Regalbrett leimen und die Konsolen an die Wand montieren. Das Regalbrett eventuell mit kleinen Nägeln an den Konsolen befestigen.

Material

- Leimholzbrett, 22 mm stark, 150 cm x 30 cm
- 2 passende Regalkonsolen
- Zierleiste, 3 cm breit, 150 cm lang
- Acryllack
- Leim
- ggf. kleine Nägel
- Pinsel/Lackierolle

Stehsammler für Zeitschriften

Den Stehsammler auf die linke Stoffseite legen und nacheinander alle vier Seiten „abrollen", dabei mit einem Bleistift die Konturen auf den Stoff übertragen. Ringsum weitere 1,5 cm Stoff anzeichnen und mit der Schere ausschneiden.

Dann den Stehsammler Seite für Seite mit Sprühkleber einsprühen und den Stoff blasenfrei aufkleben, dabei an der oberen und unteren Kante 1,5 cm überstehen lassen. Beginnen Sie am besten in der Mitte und arbeiten Sie sich dann über die beiden Seiten zur Rückseite vor. Hier schlagen Sie den Stoff an einer Seite nach links ein, damit sich ein sauberer Abschluss ergibt. Den Stoff an der oberen Kante entlang der Rundungen mit einer scharfen Schere vorsichtig einschneiden, nach innen einschlagen und mit Klebestift festkleben. An der unteren Kante den Stoff an den Ecken zu kleinen Falten legen und ebenfalls festkleben.

Material

- Baumwollstoff
- Stehsammler aus Holz oder Pappe
- Sprühkleber
- Klebestift
- Lineal
- Schere

Material

- Baumwollstoff:
  - 2 Streifen für die Rückwand, 17,5 cm x 73 cm
  - 2 Streifen für die Einschublaschen, 12 cm x 90 cm
  - Streifen für die Aufhängung, 12 cm x 5 cm
- feste Vlieseline, 17,5 cm x 73 cm
- Sperrholzplatte, 5 mm stark, 15 cm x 70 cm
- Metallring/Schlüsselring
- Näh-Grundausstattung

Zeitschriftenhalter

Für die Rückwand einen 17,5 cm breiten Stoffstreifen mit Vlieseline bekleben, dabei die aufgedruckten Herstellerangaben beachten.

Die beiden 12 cm breiten Stoffstreifen für die Zeitschrifteneinschübe rechts auf rechts legen. Die langen Kanten aufeinander steppen, den Stoffstreifen wenden (siehe Zeichnung 3) und die Kanten bügeln. Dann eine schmale Seite dieses Schnittteils einschlagen und ungefähr 6 cm von der oberen Kante entfernt mittig auf das mit Vlieseline verstärkte Rückwandteil aufnähen. Den Streifen im weiteren Verlauf so aufnähen, dass für den Einschub jeder Zeitschrift jeweils immer eine ca. 18 cm lange Lasche entsteht. Die Nähte haben dafür jeweils einen Abstand von 14 cm bis 15 cm zueinander. Die offene Kante an der unteren Seite ebenfalls einschlagen und knappkantig feststeppen.

Den kleinen Stoffstreifen für die Aufhängung arbeiten (siehe Zeichnung 3) und bügeln.

Die beiden Schnittteile für die Rückwand rechts auf rechts legen und mittig an der oberen Kante die kurze Schlaufe samt Metallring dazwischen legen. Dann alle Teile aufeinander steppen, die untere Kante bleibt zum Wenden offen! Die Nahtzugaben an den oberen Ecken schräg abschneiden, das Teil wenden und die Kanten bügeln.

Zum Schluss das Brett einschieben, es sollte sehr stramm im Stoff sitzen! Die untere, offene Stoffkante gegeneinander nach innen einschlagen und von Hand oder mit der Maschine zunähen.

Gut aufbewahrt

Dekorative Holzkästen

Die Auswahl an Holzleisten ist in Bau- und Holzfachmärkten recht groß – diese bieten sich hervorragend an, um auch einfache Holzkästen in dekorative Einzelstücke zu verwandeln. Wählen Sie unterschiedliche Leisten für die einzelnen Kästen. Einfach die Kästen mit Acryllack lackieren, trocknen lassen, ggf. anschleifen, den Staub entfernen und erneut lackieren. Dann die Leisten auf die Länge der Kästen zuschneiden (wahlweise ringsum oder auch nur einseitig), ebenfalls lackieren und mit Leim oder Heißkleber ankleben.

Auch mit Zierornamenten lassen sich die Kästen noch aufpeppen.

Hockerhusse

Material

- Baumwollstoff
- Hocker
- aufbügelbares Volumenvlies
- Näh-Grundausstattung

Sie haben einen abgenutzten, aber noch brauchbaren Hocker? Hier die Lösung, damit er wieder in neuem Glanz erstrahlt: eine selbstgenähte Husse! Vor dem Nähen müssen Sie zunächst die Grundmaße bestimmen: Größe der Sitzfläche und Höhe des Hockers.

Jetzt geht es an den Zuschnitt: Für die Sitzfläche den Stoff mit ringsum 1 cm Nahtzugabe zuschneiden. Da die Sitzfläche wattiert wird, benötigt man ebenfalls Volumenvlies in dieser Größe.

Der Zuschnitt der vier Seitenteile gestaltet sich etwas schwieriger (siehe Zeichnung 16). Da sich die Kellerfalte nur im unteren Drittel des Seitenteils befindet, braucht man auch nur hier ca. 7 cm Nahtzugabe, man nennt diese Stoffzugabe auch angeschnittenen Beleg. Die Seitenteile im oberen Teil (2/3 der Hockergesamtlänge) also nur mit 1 cm Nahtzugabe zuschneiden, im unteren Teil benötigt man aber 7 cm. In der Höhe der vier Seitenteile werden zusätzlich 6 cm Zugaben benötigt, 1 cm zum Annähen an die Sitzfläche und weitere 5 cm für den Saum.

Der Zuschnitt der Belege sieht folgendermaßen aus: Die Länge entspricht 1/3 der gesamten Hockerhöhe plus ca. 3 cm Nahtzugaben plus ca. 5 cm Saum. Ihre Breite beträgt 14 cm, das entspricht der Breite der angeschnittenen Belege.

Für die Schleifen benötigen Sie viermal 65 cm x 4 cm.

Beim Nähen der Sitzfläche zunächst das Volumenvlies mit einem Bügeltuch auf die linke Stoffseite der Sitzfläche aufbügeln. Dann zeichnet man mit einem großen Geodreieck und Schneiderkreide eine Linie auf die Vorderseite, die diagonal von einer Ecke zur gegenüberliegenden verläuft. Über die gesamte Fläche weitere Linien aufzeichnen, die einen Abstand von 2 cm zur Ausgangslinie aufweisen. Das Anzeichnen kann man sich ersparen, wenn ein sogenanntes Kantenlineal (Zusatzwerkzeug der Nähmaschine) vorhanden ist. Nachdem alle Nähte für eine Richtung durchgesteppt sind, machen Sie das Gleiche mit dem selben Abstand für die anderen Linien, die im rechten Winkel zu den bereits genähten verlaufen.

Dann jeweils ein Seitenteil rechts auf rechts auf die Sitzfläche steppen, am Anfang und am Ende dieser Naht bleiben aber jeweils 1 cm Nahtzugabe offen! Diese offene Nahtzugabe benötigt man anschließend zum Zusammennähen der Seitennähte. Diesen Arbeitsgang für alle vier Teile wiederholen und die Nahtzugaben in die Seitenteile bügeln. Nun die Seitennähte schließen. Hier beginnt man oben an der Sitzfläche und endet an der Kellerfalte. Die Nahtzugaben auseinander bügeln und im Verlauf auch den angeschnittenen Beleg der Kellerfalte 7 cm nach links umbügeln (siehe Zeichnung 17).

Nun ist es Zeit für die erste „Anprobe",
um die exakte Länge der Husse zu bestimmen. Mit Nadeln die exakte Saumkante abstecken, sie sollte, wenn genau gearbeitet wurde, 5 cm betragen!
Eventuell kleine Korrekturen vornehmen, ansonsten die angeschnittenen,
bereits umgebügelten, Belege nochmals aufklappen, den Saum nach links
umbügeln und feststeppen. Hierzu
ein Tipp: die doppelte Saumbreite mit
einem Geodreieck und einem Blei-
stift/Schneiderkreide anzeichnen, den
Saum bis zu dieser Linie umbügeln
und anschließend feststeppen. Im Anschluss daran nochmals die Kellerfalte
einbügeln.

Nun den Saum am Beleg ebenfalls
5 cm nach links umbügeln und feststeppen. Dann den Beleg an die
Kanten des angeschnittenen Belegs
steppen.

Die Bänder für die Schleifen (siehe
Zeichnung 2) fertigen, zu Schleifen
binden und von Hand an die obere
Kante der Kellerfalte nähen.

Wandkonsole

Schubladenkästen im Rohzustand aus unbehandeltem Holz sind in jedem Möbelgeschäft oder Baumarkt zu bekommen. Hier haben sie ein neues Gesicht und eine neue Funktion bekommen. An die Wand montiert bieten sie zusätzliche Ablagefläche für Dekoratives oder Praktisches.

Die Stoffschlaufen (siehe Zeichnung 3) arbeiten und bügeln. Mit einem Holzbohrer mittig in die Schubladen ein Loch bohren, das auf die Breite der doppelt gelegten Stoffschlaufen abgestimmt ist.

Die Schubladenkästen lackieren, ggf. mit feinem Schleifpapier anschleifen, den Staub entfernen und nochmals lackieren.

Jeweils einen gefalteten Stoffstreifen durch das Loch ziehen und an der Rückseite verknoten.

Zum Aufhängen in den oberen Teil der Kastenrückseite zwei oder drei Löcher bohren, die auf die Größe der Schrauben und Unterlegscheiben abgestimmt sind. Dann die Position der Kästen an der Wand markieren, Löcher in die Wand bohren und Dübel einschlagen. Nun die Kästen von der Innenseite aus mit einer dazwischen gelegten Unterlegscheibe an der Wand befestigen. Die Unterlegscheiben verhindern, dass bei größerer Belastung die Schrauben aus der Rückwand des Holzkastens gedrückt werden.

Material

- Baumwollstoff:
  - 6 Streifen, 25 cm x 4 cm
- 3 Schubladenkästen
- Acryllack
- Schrauben/Dübel (für die Wandmontage)
- Unterlegscheiben
- ggf. feines Schleifpapier
- Lackierrolle/Pinsel
- Bohrmaschine/Akkubohrer mit passenden Bohraufsätzen
- Näh-Grundausstattung

Blühende Töpfe

Eine schnelle Deko für einfache Holzkästen oder Blumentöpfe! Dazu die Holzkästen bzw. Töpfe evtl. streichen und trocknen lassen. Dann einen ca. 3 cm breiten Stoffstreifen um den Topf legen und die Enden übereinander kleben. Bast durch die Holzstreu-Blumen ziehen und dekorativ auf der Vorderseite verknoten. Blumen in die Töpfe setzen und mit Reisigzweigen dekorieren. Statt Holzkästen bzw. -töpfen können so natürlich auch Blumentöpfe aus Porzellan dekoriert werden.

Schnelles Steinbild

Ein alter Bilderrahmen oder auch ein neuer Rahmen aus dem Bastelladen, dekoriert mit einigen Steinen und farblich abgestimmt auf die Wandfarbe, wird sicherlich viele Blicke auf sich ziehen und ist eine schnelle und simple Deko für Bastelfans mit wenig Zeit!

Dafür den Bilderrahmen mit Acryllack streichen und trocknen lassen. Bei der Auswahl der Steine auf deren Größe und Form achten, beispielsweise nur möglichst runde oder ovale Steine auswählen. Die Steine lackieren (Sprühlack) und ebenfalls trocknen lassen. Die Rückwand des Bilderrahmens mit Wandfarbe streichen, dabei die Farbe möglichst dick auftragen und je nach Wunsch ein Muster einarbeiten. Nach dem Trocknen die Steine mit der Heißklebepistole aufkleben.

Gästezimmer in Rot und Grün

Sie haben ein Durchgangszimmer oder einen ungenutzten Raum, der etwas aufgemöbelt werden soll? Funktionieren Sie dieses Zimmer zu einem Gästezimmer um, in dem gelegentlich auch gearbeitet werden kann. Bei diesem Zimmer treffen mehrere Farben aufeinander, nämlich Weiß, Grün, Rot und Rosa. Der rot-weiße Tupfenstoff lässt den Raum frisch erstrahlen, die Beimischung des Rosatons im Rollostoff bringt zusätzlich neue Farbakzente ins Zimmer.

Sesselbezug

Das Beziehen von Sesseln ist nicht ganz einfach, doch der Aufwand lohnt sich! Entscheiden Sie sich im Vorfeld, ob Sie den Sessel neu beziehen und den Stoff am Holzgestell festtackern wollen oder ob das Nähen einer Husse sinnvoller ist. Bei einer Husse sollten Sie einen Reißverschluss einplanen. Was die Länge des Stoffzuschnitts anbelangt, müssen bei einer Husse für den Saum einige zusätzliche Zentimeter Stoff eingeplant werden.

Für den Zuschnitt wird normalerweise zuerst ein Schnittmuster hergestellt bzw. es werden die Schnittteile vom Sessel abgepaust. Zum Abpausen eignet sich Nesselstoff, ein günstiger, beiger Baumwollstoff. „Mutige" Hobbyschneiderinnen verzichten auf den Nesselschnitt und schneiden die Schnittteile direkt aus dem endgültigen Stoff zu. Beginnen Sie beispielsweise mit der Rückseite. Dazu ein ausreichend großes Stoffstück grob zuschneiden und den Stoff möglichst glatt und stramm mit Nadeln auf der Rückseite des Sessels feststecken (Fadenlauf beachten), die linke Seite des Bezugsstoffes liegt auf dem Sessel.

Nun mit einem Bleistift entlang der Nähte kleine Markierungen auf den Bezugsstoff machen, die vorhandenen Nähte des alten Bezugs also exakt „abpausen". Das Schnittmuster nach dem Abpausen vom Sessel nehmen und an alle Nähte 1,5 cm Nahtzugabe, an die untere Kante des Sessels ca. 3 cm bis 4 cm Zugaben anschneiden. Bei einer Husse je nach Beinhöhe noch weitere Zentimeter hinzugeben.

Danach geht es ans Nähen: Dazu die einzelnen Teile rechts auf rechts aneinander nähen.

In manchen Fällen wird es notwendig sein, die eine oder andere Naht erst nach dem Beziehen des Sessels zu schließen, abhängig von der Form des Sessels. Hier könnte man in Erwägung ziehen, einen Reißverschluss einzunähen.

Den Bezug zunächst nur zur Probe „anpassen" und eventuell Korrekturen vornehmen. Erst dann die Nahtzugaben auf 1 cm Nahtzugabe zurückschneiden und alle Rundungen vorsichtig bis kurz vor die Naht einschneiden.

Material

- Möbelbezugsstoff/ fester Baumwollstoff
- alten Sessel
- ggf. Reißverschluss
- ggf. Nesselstoff
- Tacker
- Näh-Grundausstattung

Bezogene Schachteln

Das Einschneiden der Nähte ist sehr wichtig bei Sesseln mit vielen Rundungen. Alle Nahtzugaben auseinander bügeln und den Bezug über den Sessel ziehen. Alle Nähte sollten deckungsgleich über den alten Sesselnähten liegen. Die noch offenen Nähte, die zum Überstülpen des Bezuges noch nicht geschlossen werden konnten, nun ggf. von Hand zunähen.

Die untere Kante des neuen Bezugs mit einem Tacker am Sessel befestigen oder – bei einer Husse – den Saum umbügeln und festnähen.

Beim Sitzkissen gehen Sie ähnlich wie oben beschrieben vor, Sie sollten jedoch an der unteren Seite einen Reißverschluss einarbeiten (siehe Zeichnung 5), damit man das Kissen waschen kann.

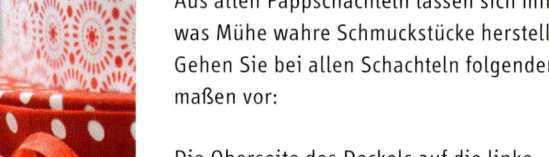

Material
- unterschiedlich gemusterte Baumwollstoffe
- alte Pappschachteln
- Bänder, gekräuseltes Rüschenband
- oder Zackenlitze
- Maßband
- Klebestift
- Sprühkleber
- Schere
- Lineal

Aus alten Pappschachteln lassen sich mit etwas Mühe wahre Schmuckstücke herstellen. Gehen Sie bei allen Schachteln folgendermaßen vor:

Die Oberseite des Deckels auf die linke Stoffseite legen und die Kontur übertragen. Dann den Stoff ringsum ca. 1 cm größer ausschneiden. Den Deckel mit Sprühkleber einsprühen und den Stoff faltenfrei darauf festkleben. Aus dem überstehenden Stoff kleine Dreiecke ausschneiden und ringsum mit einem Klebestift am Deckelrand befestigen. Dann die Länge und Höhe des Deckelrands ausmessen und ringsum 1 cm Nahtzugabe anschneiden. Die langen Seiten sowie eine Schmalseite des Stoffstreifens 1 cm nach links umbügeln, Höhe und Länge nochmals am Deckel kontrollieren und anschließend ebenfalls mit einem Klebestift ankleben.

Bei der Schachtel selbst gehen Sie ähnlich vor. Hier an der oberen Kante 3 cm, an der unteren Kante 2 cm und an den Längsseiten 1 cm Nahtzugabe anschneiden. Die Schachtel mit Sprühkleber einsprühen und den Stoff festkleben. Die Kanten nach innen bzw. unten einschlagen, evtl. kleine Dreiecke herausschneiden und ebenfalls mit einem Klebestift festkleben.

Anschließend können die Dosen mit kariertem Band, bereits gekräuseltem Rüschenband oder Zackenlitze beklebt werden. Wer mag, kann die Dosen zusätzlich mit einer Schleife schmücken.

Rollo

Das Rollo sollte 10 cm bis 15 cm oberhalb des Fenstersturzes angebracht werden und an beiden Seiten mindestens 5 cm überstehen. Zum Montieren bohren Sie zunächst eine rechteckige, 2 cm starke Dachlatte an die Wand, die, wie bereits erwähnt, ca. 10 cm bis 15 cm oberhalb des Fenstersturzes angebracht sein sollte. Auf die Latte tackern Sie die raue Seite des Klettbandes.

Zum Zuschneiden müssen Sie zunächst die Länge und Breite des fertigen Rollos festlegen. Schneiden Sie in der Breite 8 cm und in der Länge 2,5 cm Nahtzugabe an.

Zum Verstürzen der unteren Kante benötigen Sie ein ca. 22 cm hohes und genauso breites Stück Stoff wie das eigentliche Rollo, man nennt dieses Schnittteil Beleg. Bei dünnen Stoffen bekleben Sie den Beleg mit Vlieseline. Dann bügeln Sie an diesem Schnittteil zunächst eine lange Seite ca. 1 cm nach links um und stecken es dann unten rechts auf rechts auf das Rollo (siehe Zeichnung 10).

Zeichnen Sie die Bogenkante an, sie beginnt und endet 4 cm von den äußeren Kanten entfernt. Hier können Sie Ihrer Fantasie freien Lauf lassen. Achten Sie jedoch darauf, dass die Bogenkante symmetrisch verläuft; beginnen Sie mit dem Anzeichnen von der Mitte aus! Fertigen Sie sich für die einzelnen Bögen eventuell eine kleine Pappschablone an, die Sie immer wieder auflegen können. Stimmen Sie die Schablonenbreite auf die Breite des Rollos ab!

Nach dem Aufzeichnen der Bogenkante die zwei Schnitteile aufeinander steppen (siehe wieder Zeichnung 10), die Nahtzugaben auf 5 mm zurückschnei-

Material
- Baumwollstoff
- ggf. Vlieseline
- Dachlatte, 2 cm stark
- 3 Universalschrauben
- 3 Dübel
- Klettband
- 4 Ringschrauben
- runde Metallstange
- Schlaufenband
- dünne Synthetikkordel
- Zackenlitze
- Aufwickler
- Näh-Grundausstattung
- Bohrmaschine oder Akku-schrauber mit passenden Bohraufsätzen
- Tacker

den und die Teile wenden. Die Bogenkante sorgfältig mit einer Schere ausdrücken, bügeln und die bereits 1 cm breit umgebügelte Kante festnähen.

Steppen Sie unterhalb dieser Naht im Abstand von 3 cm eine zweite Naht. Es entsteht dadurch ein Tunnel, in den später eine kleine Metallstange zum Beschweren des Rollos eingeschoben wird.

Nun die äußeren Kanten 4 cm nach innen umbügeln und feststeppen. Die obere Kante 1,5 cm nach links umbügeln, die weiche, flauschige Seite des Klettbands darüber feststecken und sorgfältig festnähen. Anschließend die Schlaufenbänder aufnähen. Die beiden äußeren Bänder verdecken die Schnittkanten des Stoffs, das dritte liegt exakt in der Mitte des Rollos. Die erste Schlaufe beginnt jeweils direkt am Tunnel!

Ganz zum Schluss die Zackenlitze mit Nadeln an die Rückseite der Bogenkante stecken und sorgfältig mit der Maschine festnähen, Anfang und Ende der Litze nach links einschlagen.

Jetzt geht es an die Montage: Dazu das Rollo an der Leiste befestigen und drei kleine Ringschrauben zur Führung der Bänder einschrauben. Sie müssen exakt über den Schlaufenbändern angebracht werden! Zusätzlich schrauben Sie an einer Seite noch eine vierte Ringschraube ein, durch die alle Bänder gemeinsam geführt und nach unten geleitet werden. An einer Seite des Tunnels ein paar Stiche auftrennen und den Metallstab zum Beschweren des Rollos einschieben. Die Bänder ausreichend lang an die unteren Ösen des Schlaufenbands knoten, durch alle übrigen Schlaufen und Ringschlaufen fädeln und zum Schluss verknoten. Am Fensterbrett einen Aufwickler befestigen, an dem das Band aufgewickelt wird.

Schnelle Wandschmuck-Ideen

Diese kleinen Setzkästen sowie die Bilderrahmen in Herzform findet man im „Rohzustand" (also aus Sperrholz) im Bastelgeschäft. Sie können mit Acryllack in jeder beliebigen Farbe lackiert werden. Auch die kleinen Blumentöpfe finden Sie dort, ebenso wie in jedem Baumarkt oder Gartencenter.

Die Setzkästen, Herzen und Blumentöpfe lackieren und trocknen lassen. Dann in die kleinen Bilderrahmen Stoffreste kleben und an der oberen Kante zur Mitte gefaltete Bänder festkleben (mit der Heißklebepistole). Die Bänder wiederum an der unteren Kante der Setzkästen fixieren. Um die obere Kante der Blumentöpfe Rüschenband kleben.

Den Setzkasten an die Wand montieren und den Blumentopf samt Kaktus hineinstellen.

Auch Elche gibt es aus unbehandeltem Holz in Bastelgeschäften zu kaufen. Streichen Sie ihn in Ihrer Lieblingsfarbe und dekorieren Sie ihn zusätzlich mit kleinen Holzteilen, farbigen Schleifen und Bändern. Eine schnell gemachte und originelle Deko-Idee!

Große Kommode

Eine alte Kommode vom Speicher, aber auch eine neue, unbehandelte Kommode aus dem Möbelgeschäft lässt sich mit wenig Aufwand und etwas Geschick in ein kleines Schmuckstück verwandeln.

Bei einer alten Kommode die Lackreste entfernen (abbeizen) oder den alten Lack anschleifen. Den Schleifstaub sorgfältig entfernen. Dann die Kommode mit einem Pinsel und einer Rolle lackieren. Nach dem ersten Lackieren den Lack ggf. nochmals anschleifen und die Kommode erneut anstreichen.

Die Holzornamente ebenfalls lackieren, gut trocknen lassen und mit Leim auf die Kommode kleben.

Material

- Kommode
- Holzornamente
- Leim
- Acryllack
- Pinsel bzw. Lackier-rolle
- Schleifpapier

Kleine Kommode

Material

- alter Besteckkasten
- Möbelknöpfe aus Porzellan
- Acryllack
- Pinsel bzw. Lackierrolle
- Schleifpapier

Tipp

Die Auswahl an Möbelknöpfen und Griffen ist sehr groß. Schauen Sie sich im Baumarkt, Holzmarkt oder im Internet um, hier findet sich mit Sicherheit der Griff, der zu Ihrem Einrichtungsstil passt.

Diese kleine Minikommode ist ein alter Besteckkasten aus Holz. Diese Kästen findet man häufig auf Flohmärkten, sie bestehen meistens aus mehreren stapelbaren Elementen.

Den Lack der Kästen anschleifen und den Staub entfernen. Dann die einzelnen Elemente lackieren, ggf. einen Zwischenschliff machen und gut trocknen lassen.

Zum Schluss die neuen Porzellan-Knöpfe anbringen.

Regal

Ein vollkommen neues Aussehen für ein kleines Wandregal erzielt man, wenn unter die Vorderseite sowie unter die seitlichen Kanten kleine Holzbretter mit einer Bogenkante geleimt werden.

Zunächst die vordere Kante des Regals ausmessen. Diese Länge auf ein Stück Papier übertragen und dann überlegen, wie hoch die Regalblende werden soll. Auch diesen Wert auf das Papier übertragen. Dann das entsprechend große Papier-Rechteck ausschneiden und in der Mitte falten. Von der Mitte aus eine Bogenkante laut Foto aufzeichnen und mit der Schere ausschneiden. Diese Papiervorlage mit Bleistift auf ein Leimholzbrett übertragen und mit der Stichsäge ausschneiden. Die Kanten mit einem Schwingschleifer abrunden.

Dann die seitlichen Bretter zuschneiden und die unteren Kanten ebenfalls bearbeiten. Anschließend alle Teile unter das Regal leimen und trocknen lassen. Die Verbindung ggf. mit kleinen Nägeln verstärken. Ringsum die schmale Profilleiste auf die Kanten kleben.

Zum Schluss das Regal sowie das Holzornament streichen und alles gut trocknen lassen. Das Ornament mit Holzleim aufkleben.

Material

- kleines Wandregal
- Leimholzbretter, 18 mm stark
- Profilleiste
- Holzornament
- Holzleim
- kleine Nägel
- Papier
- Schere
- Geodreieck
- Lineal
- Hammer
- Stichsäge
- Schwingschleifer

Bilderrahmen

Für diese Bilderrahmen eignen sich alte Holzrahmen, man kann dafür jedoch auch einfache Rahmen aus Pappe im Bastelgeschäft kaufen. Die Vorderseite ist mit Volumenvlies unterlegt, dadurch wirkt der Rahmen etwas plastischer. Und so gehen Sie vor:

Den Rahmen mit der Vorderseite auf das Volumenvlies legen und die äußere sowie die innere Kontur mit einem Filzstift nachzeichnen. Dann das Vlies ausschneiden und mit einem Klebestift oder Sprühkleber auf die Vorderseite des Rahmens kleben.

Dann den Rahmen auf den Stoffrest legen, hierbei den Muster- und Fadenlauf des Stoffs beachten! Den Stoff so zuschneiden, dass er sich stramm um die Kanten legt und an der Rückseite ringsum mindestens 2 cm zum Festkleben vorhanden sind. An der Innenseite den Stoff so zuschneiden, dass er sich ca. 1 cm um die Kanten legen lässt. Hier ist es außerdem notwendig, die Ecken mit einer scharfen Schere vorsichtig einzuschneiden. Alle Stoffkanten mit Flüssigkleber oder der Heißklebepistole festkleben.

Für das Band zum Aufhängen des Bilderrahmens einen Stoffstreifen in passender Länge an den beiden langen Seiten ca. 1 cm nach links umbügeln. Dann den Stoffstreifen zur Mitte bügeln und die äußere Kante knappkantig absteppen (siehe Zeichnung 1). Das fertige Band mit Heißkleber an den Rahmen kleben und im oberen Drittel zum Aufhängen einen Knoten binden.

Tipp

Anstatt das Band zum Aufhängen selber zu nähen, können Sie auch fertiges Band nehmen. Hier bieten die Kurzwarenabteilungen der Kaufhäuser oder auch Stoffläden eine große Auswahl an. Sie können aber auch Geschenkband verwenden.

Pinnwand

Ein alter Bilderrahmen kann im Nu zu einer Pinnwand umfunktioniert werden. Falls kein alter Bilderrahmen vorhanden ist, gibt es in Bastelgeschäften auch Bilderrahmen-Rohlinge, die man nach seinen eigenen Vorstellungen gestalten kann.

Zunächst den Bilderrahmen lackieren und gut trocknen lassen. Dann auf die Rückwand des Rahmens ein oder zwei Lagen Volumenvlies kleben, je nach Stärke des Volumenvlieses. Dazu die Holzplatte zunächst mit Sprühkleber benetzen, das Volumenvlies auflegen und ringsum ausschneiden. Für die zweite Schicht ggf. das Volumenvlies mit Sprühkleber einsprühen und die zweite Lage Vlies aufkleben. Darüber den Baumwollstoff legen und an den Rändern festtackern. Der Stoff sollte extrem stramm sitzen!

Die Hintergrundplatte wieder in den Rahmen legen und die so entstandene Pinnwand an die Wand hängen.

Aufkleber für Stehsammler

Material

- Baumwollstoff, 10 cm x 30 cm
- Stehsammler
- Pappe, 10 cm x 30 cm
- Papierrest
- Klebestift
- Sprühkleber
- Schere
- Cutter
- Geodreieck/Lineal

Schmucke Aufkleber für Stehsammler! So findet man endlich auf einen Blick, was man sonst endlos gesucht hat. Die Aufkleber sind schnell gemacht und haben einen sehr dekorativen Charakter!

So wird's gemacht: Das Schnittmuster von den Vorlagen (siehe Zeichnung 18) kopieren, ausschneiden und auf die Pappe übertragen. Die äußeren Konturen mit der Schere ausschneiden, für das „Sichtfenster" eignet sich der Cutter. Dann die Vorderseite der Pappe mit Sprühkleber einsprühen und auf die linke Seite des Stoffs legen, dabei den Muster- und Fadenlauf beachten!

Den Stoff nun so ausschneiden, dass an den äußeren und inneren Kanten ca. 1 cm überstehen bleiben. Den Stoff am „Sichtfenster" mit einer scharfen Schere bis zu den Ecken einschneiden, um die Pappkanten legen und mit Klebestift festkleben. Die äußeren Kanten ebenfalls festkleben, dabei den Stoff an den abgeschrägten Ecken in kleine Falten legen.

Dann ein kleines, beschriebenes Papierschild hinter das Sichtfenster kleben und den Aufkleber am Stehsammler befestigen (z. B. mit Klebestreifen, doppelseitigem Klebband o. Ä.).

Hocker-Sitzkissen

Material
- Baumwollstoff
- Schaumstoffplatte, 2 cm stark
- Wäschereißverschluss
- Näh-Grundausstattung

Die Sitzfläche des Hockers ausmessen und entsprechend der ermittelten Größe eine Schaumstoffplatte zuschneiden.

Auf der Rückseite des Sitzkissens wird ein Reißverschluss eingenäht. Sie besteht aus zwei gleich großen Stoffteilen, die halb so groß wie die Schaumstoffplatte sind, am Reißverschlussbereich 1 cm Nahtzugabe aufweisen und an den äußeren Kanten 2 cm (1 cm Nahtzugabe und 1 cm für die Höhe des Sitzkissens!). Diese beiden Schnitteile rechts auf rechts aufeinanderlegen und an der oberen und unteren Kante ca. 5 cm zusammennähen. Die Nahtzugaben auseinander bügeln; ebenfalls die Kanten im Reißverschlussbereich 1 cm nach links umbügeln. Den Reißverschluss mit einem Reißverschlussfüßchen einnähen (siehe Zeichnung 4).

Die Vorderseite besteht aus einem Stoffstück, welches ringsum 2 cm größer ist als die Schaumstoffplatte (1 cm Nahtzugabe und 1 cm für die Höhe der Schaumstoffplatte).

Für die Schleifen schneiden Sie sich vier Stoffstreifen zu (hier 60 cm lang, 8 cm breit, hängt aber von der Hockergröße ab!), die an den langen Kanten sowie an einer schmalen Seite nach links umgebügelt werden (siehe Zeichnung 2). Anschließend den Streifen mittig links auf links falten und knappkantig absteppen.

Die Bänder ca. 5 cm von den Kanten entfernt auf die Vorderseite des Sitzkissens stecken, die Rückseite rechts auf rechts darüber legen und alle Kanten 1 cm breit aufeinander steppen. Das Sitzkissen durch die Reißverschlussöffnung wenden, die Nähte bügeln, die Ecken vorsichtig mit einer Schere herausdrücken und die Schaumstoffplatte einlegen.

Stehlampe

Zum Beziehen von Lampenschirmen eignen sich eher weiße bzw. helle Lampenschirme. Sie sind lichtdurchlässiger als gemusterte oder farbige Schirme. Machen Sie am besten eine „Lichtprobe" bei eingeschaltetem Licht.

Zunächst sollten Sie einen Papierschnitt herstellen. Dazu den Schirm auf einem großen Stück Papier abrollen und dabei entlang der oberen und unteren Kante kleine Markierungen auf das Papier machen. Beginnen und enden Sie an der Nahtstelle des fertigen Schirms. Den Papierschnitt ausschneiden, auf den Stoff übertragen und an allen Kanten 1,5 cm Nahtzugabe anschneiden.

Dann den Lampenschirm mit Sprühkleber einsprühen. Den Stoff auflegen, exakt ausrichten und festkleben. Eine Längsseite 1 cm nach innen einschlagen und über die andere offene Kante kleben. Die Nahtzugaben an der oberen und unteren Kante nach innen einschlagen und ebenfalls festkleben. Über die offene Kante innen mit Flüssigkleber Zackenlitze oder ein dünnes Band kleben. Zum Schluss die Bommellitze von außen an die untere Kante der Lampe kleben.

Material

- Baumwollstoff
- Lampenschirm
- Zackenlitze (für innen)
- Bommellitze (für außen)
- Papier
- Sprühkleber
- Klebestift
- Flüssigkleber
- Schere

Kissen

Material

(für ein 50 cm x 50 cm großes Kissen)

- Baumwollstoff für die Vorderseite:
  - oben, 52 cm x 29 cm
  - unten, 52 cm x 48 cm
  - 6 Bindebänder für Schleifen, 30 cm x 6 cm
- Baumwollstoff für die Rückseite:
  - 52 cm x 52 cm
- Kissen-Inlett, 50 cm x 50 cm
- Näh-Grundausstattung

Am oberen und am unteren Vorderteil eine 52 cm lange Kante zweimal 5 cm nach links umbügeln und feststeppen. Dann das obere Vorderteil auf das untere Vorderteil legen, die Kanten überlappen sich ca. 5 cm. Diese Länge nochmals mit der Gesamtlänge des rückwärtigen Kissenteils abstimmen und dann die beiden vorderen Kissenteile innerhalb der Nahtzugabe aufeinander nähen.

Die Rückseite des Kissens rechts auf rechts auf das vordere Kissenteil steppen, anschließend wenden, die Ecken vorsichtig mit einer Schere herausdrücken und die Kanten bügeln.

Für die Bindebänder alle 30 cm langen Kanten der Stoffstreifen 1 cm nach links umbügeln. Dann die Stoffstreifen jeweils nochmals zur Mitte bügeln, die äußeren Kanten liegen exakt aufeinander. Ebenfalls eine schmale Kante 1 cm nach links einschlagen und das Band ringsum absteppen (siehe Zeichnung 2). Die vier äußeren Bindebänder ca. 8 cm von der Kante entfernt feststeppen, das mittlere Band mittig ausrichten und jeweils zu Knoten zusammenbinden.

Schlafzimmer in Hellblau

Ein Schlafzimmer sollte Ruhe und Gemütlichkeit ausstrahlen und uns in eine Traumwelt entführen, die uns die Sorgen des Alltags vergessen lässt! Dieses Schlafzimmer ist in Hellblau und Weiß gehalten und wirkt nordisch-frisch. Hellblau steht für die unendliche Weite des Himmels, Weiß bringt Ruhe in das Zimmer und sorgt dafür, dass der Raum nicht unterkühlt wirkt. Der besondere Clou: Der Blauton der Bettdecke wurde für die Wand exakt aufgegriffen und im Baumarkt als Wandfarbe angemischt.

Material

(für ein 1,40 m x 1,30 m großes
Kopfteil)

- 14 Leimholzbretter, 18 mm
  stark, 10 cm x 1,30 m

- Acryllack

- Schrauben/Montagekleber

- Pinsel/Lackierrolle

- Bleistift

- Schere

- Stichsäge

- Schwingschleifer

Kopfteil fürs Bett

Sie haben ein Bett, welches Ihnen nicht mehr gefällt, oder es wirkt einfach nur langweilig? Mit einem neuen Kopfteil geben Sie Ihrem alten Bettgestell eine neue Optik. Und so könnten Sie bei der Umsetzung vorgehen: Prüfen Sie zunächst, ob Sie das Kopfteil des Bettes entfernen können. Häufig handelt es sich hierbei um zwei separate Bauteile. Sollte das nicht der Fall sein, lassen Sie sich zwei neue „Bettfüße" aus Holz zusägen, die Sie mit Metallwinkeln am Bett befestigen (nicht mit in der Materialliste aufgeführt). Wenn Sie ein einfaches Polsterbett besitzen, können Sie das neue Kopfteil mühelos direkt an der Wand anbringen und schieben das Bettgestell einfach davor.

Zunächst die Vorlagen (siehe Zeichnung 19) kopieren und ausschneiden. Da nicht alle Betten eine Breite von 1,40 m aufweisen und man an dieser Stelle leider auch nicht Vorlagen für jede Bettbreite anbieten kann, ist hier Ihr kreatives Talent gefordert. Lassen Sie entweder einige Bretter weg oder lassen Sie sich zusätzliche Bretter zuschneiden. Sie sollten aber nach Möglichkeit die 10 cm-Einteilung beibehalten. Leider muss in dem Fall auch die Schablone angepasst werden. Je breiter das Bett wird, desto kürzer sollten die Bretter zu den Seiten hin werden. Achten Sie darauf, die Höhe der äußeren Bretter auf die Höhe des Nachtschränkchens abzustimmen, das letzte Brett sollte nicht tiefer als das Nachtschränkchen sein. Versuchen Sie, das vorgegebene Muster beizubehalten, hier ist Improvisieren erlaubt.

Zunächst alle Bretter dicht nebeneinander auf den Fußboden legen, die Schablonen auflegen und die Konturen mit einem Bleistift nachzeichnen. Beginnen Sie mit dem Aufzeichnen in der Mitte und achten Sie darauf, dass kein Brett nach unten oder

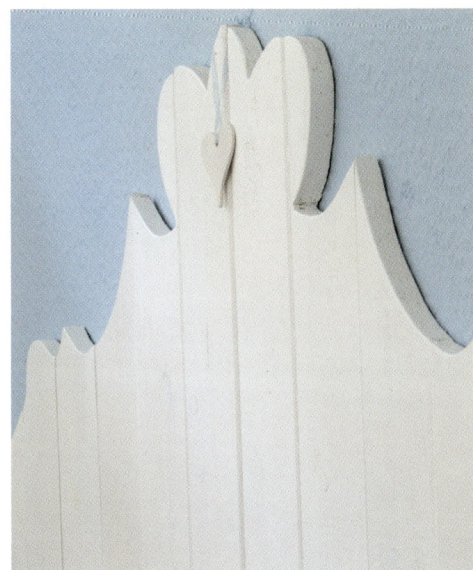

oben verrutscht. Das hätte zur Folge, dass die Bretter nach dem Zuschnitt eine unterschiedliche Höhe aufweisen würden und die Bogenkante bei der Wandmontage keinen einheitlichen Verlauf hätte.

Dann die einzelnen Bretter mit der Stichsäge zuschneiden und die Schnittkanten mit einem Schwingschleifer leicht abrunden.

Die einzelnen Bretter lackieren, trocknen lassen, ggf. nochmals anschleifen und ein weiteres Mal lackieren. Der Anschliff nach dem ersten Anstrich wird in den meisten Fällen notwendig sein, da sich die Holzfasern durch die Feuchtigkeitsaufnahme aufstellen und die Bretter rau werden lassen.

Nach dem Streichen die Bretter entweder mit Montagekleber oder kleinen Nägeln an der Wand montieren. Die Nagelköpfe zum Schluss ggf. ebenfalls überstreichen.

Schnell gemacht

Blumen-Bilderrahmen

Manchmal gestaltet es sich schwierig, das passende Bild für ein bestimmtes Zimmer zu finden. Kein Motiv stimmt oder die Farben passen nicht. Eine schnelle und einfache Lösung für dieses Problem zeigt der Bilderrahmen mit den kleinen Blüten. Die getrockneten Blüten gibt es im Bastelgeschäft zu kaufen, Sie können natürlich auch eigene Blumen aus dem Garten trocknen. Die auf Pappe geklebten Blüten in den Bilderrahmen stecken und aufhängen.

Wende-Bettwäsche

Diese Bettwäsche hat es in sich, denn es handelt sich um eine Wende-Bettwäsche mit zwei vollkommen unterschiedlichen Seiten. Auf der einen Seite ist das großflächige Pfauenmuster zu sehen, die andere Seite besteht aus drei unterschiedlichen Stoffen, die jeweils durch einen Streifen aus dem Vorderseiten-Stoff miteinander verbunden werden. Je nach Laune lassen sich Kopfkissen und Bettdecke miteinander kombinieren und wenden.

Material

(für einen **1,35 m x 2,00 m** großen Bezug)

- unterschiedlich gemusterte Baumwollstoffe für die Vorderseite:
  · oberes Teil, 55 cm x 1,37 m
  · unteres Teil, 1,68 m x 1,37 m
  · Paspelstreifen, 4 cm x 1,37 m
  · 14 Streifen für Bindebänder, 4 cm x 30 cm
- unterschiedlich gemusterte Baumwollstoffe für die Rückseite:
  · oberes Teil, 62 cm x 1,37 m
  · mittleres Teil, 77 cm x 1,37 m
  · unteres Teil, 61 cm x 1,37 m
  · 2 Streifen, 5 cm x 1,37 m
- Vlieselinestreifen für die Vorderseite:
  · 5 cm x 1,37 m
  · 10 cm x 1,37 m
- Näh-Grundausstattung

(für einen **1,55 m x 2,00 m** großen Bezug)

- unterschiedlich gemusterte Baumwollstoffe für die Vorderseite:
  · oberes Teil, 55 cm x 1,57 m
  · unteres Teil, 1,68 m x 1,57 m
  · Paspelstreifen, 4 cm x 1,57 m
  · 14 Stoffstreifen für Bindebänder: 4 cm x 30 cm
- unterschiedlich gemusterte Baumwollstoffe für die Rückseite:
  · oberes Teil, 62 cm x 1,57 m
  · mittleres Teil, 77 cm x 1,57 m
  · unteres Teil, 61 cm x 1,57 m
  · 2 Streifen, 5 cm x 1,57 m
- Vlieselinestreifen für die Vorderseite:
  · 5 cm x 1,57 m
  · 10 cm x 1,57 m
- Näh-Grundausstattung

Bettbezug

Der Bezug für die Bettdecke wird auf der Seite mit dem Pfauenmuster durch Schleifen geschlossen. Die andere Seite des Bezugs besteht aus drei unterschiedlichen Stoffen, einem unifarbenen Stoff und zwei unterschiedlichen Karostoffen, die jeweils durch einen Streifen des Pfauenstoffs miteinander verbunden werden.

Um ein Ausreißen der Schleifen zu vermeiden die Vlieselinestreifen zur Verstärkung der Kanten auf die Vorderteile bügeln. Den 5 cm breiten Streifen dazu auf das obere Vorderteil, den breiteren Streifen auf das untere Vorderteil bügeln. Hierzu ein Bügeltuch verwenden. Bei gemusterten Stoffen unbedingt auf den Verlauf des Musters achten.

Dann am oberen Vorderteil die verstärkte 1,37 m bzw. 1,57 m breite Seite 5 cm nach links umbügeln und ca. 4,5 cm breit feststeppen. Den 4 cm breiten Paspelstreifen über die gesamte Länge links auf links bügeln, anschließend ca. 0,5 cm breit unter die zuvor umgebügelte Kante des oberen Vorderteils stecken und knappkantig feststeppen. Am unteren Vorderteil ebenfalls die 1,37 m bzw. 1,57 m lange, verstärkte Seite ca. 10 cm nach links umbügeln und 4,5 cm breit absteppen.

Für die Vorderseite das obere Vorderteil ca. 6 cm bis 7 cm breit über das untere Vorderteil legen und zunächst mit Nadeln feststecken. Nun unbedingt die Gesamtlänge der Bettdecke überprüfen, sie sollte exakt 2,02 m betragen; eventuell Korrekturen vornehmen! Nach dem Ausrichten die beiden Teile seitlich, innerhalb der Nahtzugaben, feststeppen.

Die Stoffstreifen für die Bindebänder (siehe Zeichnung 2) bügeln und knappkantig absteppen. Dann die Bindebänder annähen. Die beiden äußeren Bänder weisen einen Abstand von ca. 10 cm zu den Außenkanten auf.

Die Hälfte der Bänder wird knappkantig unter das obere Vorderteil geriegelt, die anderen Bänder auf dem unteren Vorderteil festgesteppt.

Für die Rückseite die einzelnen Stoffstücke aneinander nähen und die Nahtzugaben auseinander bügeln. Zwischen jedes größere Stoffstück wird ein schmaler Streifen Pfauenstoff gesteppt. Auch hier sollte man auf eine exakte Gesamtlänge von 2,02 m kommen!

Zur Fertigstellung die Vorder- und Rückseite des Bettbezuges rechts auf rechts aufeinander legen und die Kanten aufeinander steppen. Wenden, die Ecken vorsichtig mit einer Schere herausdrücken und anschließend alle Kanten glatt bügeln.

Material

(für einen 80 cm x 80 cm großes Kissen)

- unterschiedlich gemusterte Baumwollstoffe für die **Vorderseite:**
  - · Mittelteil, 82 cm x 72 cm
  - · 2 Stoffstreifen für die Knopfleiste, 16 cm x 82 cm
  - · Stoffreste zum Beziehen der Knöpfe
- unterschiedlich gemusterte Baumwollstoffe für die **Rückseite:**
  - · Mittelteil, 82 cm x 72 cm
  - · 2 Stoffstreifen für die Knopfleiste, 16 cm x 82 cm
  - · 2 Stoffstreifen, die über die Nähte genäht werden, 4 cm x 85 cm

- Vlieseline:
  - · 2 Streifen für die Vorderseite, 16 cm x 82 cm
  - · 2 Streifen für die Rückseite, 16 cm x 82 cm
- 10 Knöpfe zum Beziehen, ø 2 cm
- 10 Wäscheknöpfe, ø 2 cm
- Näh-Grundausstattung

Kopfkissenbezug

Auch der Kopfkissenbezug hat zwei unterschiedlichen Seiten. Die Vorderseite wurde aus einem gemusterten Stoff genäht und seitlich werden einfarbige Streifen für die Knopfleisten angesetzt. Die Rückseite besteht aus einem Karostoff und zwei einfarbigen Knopfleisten, auf deren Nähte jeweils ein vorgebügelter, gemusterter Stoffstreifen genäht wird.

Für die Knopfleisten auf alle Stoffstreifen mit einem Bügeltuch Vlieseline aufbügeln. Dann die Streifen entlang der langen Seiten links auf links bügeln. Jeweils den Stoffstreifen aufklappen und anschließend eine Seite dieses Streifens rechts auf rechts an das Kissen, an die 82 cm lange Seite, steppen. Die Nahtzugaben in die Knopfleiste bügeln. Diesen Arbeitsgang für das vordere und rückwärtige Kissenteil ausführen.

Dann die beiden Kopfkissenteile rechts auf rechts aufeinander legen, entlang der oberen und unteren Kante aufeinander steppen und die Nahtzugaben auseinander bügeln. Die Nähte der Knopfleisten liegen exakt übereinander. Nun jeweils die Knopfleiste entlang der vorgebügelten Kante wieder nach innen einschlagen und mit Nadeln feststecken. Die Knopfleiste knappkantig feststeppen.

Die gemusterten Stoffstreifen für die karierte Seite (also die Rückseite) jeweils an den langen Seiten 1 cm nach links umbügeln und mit Nadeln mittig über die Naht der Knopfleiste feststecken. Die Kanten des Stoffstreifens oben und unten ebenfalls nach innen einschlagen und dann den Streifen an beiden Seiten knappkantig festnähen.

Zum Schluss jeweils fünf Knopflöcher in die Knopflochleiste der gemusterten Seite (also der Vorderseite) einarbeiten (siehe Handbuch der Nähmaschine), der Abstand des ersten und letzten Knopflochs zur oberen und unteren Kante beträgt 7 cm.

Nackenrollenbezug

Material

- unterschiedlich gemusterte Baumwollstoffe:
  - Reste für den Bezug
  - 2 Streifen für die Bindebänder, 4 cm x 40 cm
- Nackenrollen-Inlett
- Chiffon-Rüschenband
- Näh-Grundausstattung

Zunächst Länge und Umfang der Nackenrolle aus-messen. Zum ausgemessenen Umfang geben Sie weitere 2 cm Nahtzugabe hinzu. Aus den unter-schiedlich gemusterten Baumwollstoffresten nähen Sie jetzt so lange Streifen zusammen, bis Sie auf das von Ihnen ermittelte Maß kommen. Seitlich brauchen Sie 10 cm Zugabe pro Seite. Variieren Sie hier nicht nur bei der Streifenbreite, sondern auch bei der Stoffauswahl!

Dann die beiden äußeren Kanten zweimal knappkantig nach links umbügeln und feststeppen. Den Bezug ent-lang der langen Seiten rechts auf rechts aufeinander nähen und die Naht bügeln. Auf die äußeren Kanten das Chiffonrüschenband aufnähen.

Zum Schluss die Bindebänder nähen. Hierzu alle vier Seiten jeweils 1 cm nach links umbügeln, dann das Band der Länge nach nochmals links auf links bügeln und knappkantig absteppen (siehe Zeichnung 2). Die Bänder eventuell mit kleinen Handstichen am Bezug fixieren, um den Nackenrollenbezug binden und die Enden ver-knoten.

Die beziehbaren Knöpfe laut Packungsbeilage arbei-ten und entsprechend der Lage der Knopflöcher von Hand annähen. Auf der Rückseite (karierte Seite) die Wäscheknöpfe lediglich als Zierknöpfe auf die Knopfleiste aufnähen.

Material

(für ein 45 cm x 45 cm großes Kissen)

- unterschiedlich gemusterte Baum-wollstoffe für die Vorderseite:
  - 4 Streifen für die Blende, 13 cm x 52 cm
  - Mittelteil, ca. 35 cm x 35 cm
  - Streifen für die Rosette, 50 cm x 14 cm
  - Paspelstreifen für die Rosette, 50 cm x 3,5 cm
  - Kreis für die Rosettenmitte, ø 6 cm
- Baumwollstoff für die Rückseite:
  - oberes Teil, 31 cm x 47 cm
  - unteres Teil, 42 cm x 47 cm
- Chiffon-Rüschenband, 1,30 m lang
- 5 Wäscheknöpfe, ø 1,8 cm
- Kissen-Inlett, 45 cm x 45 cm
- Papprest
- Näh-Grundausstattung

Kissen mit Rosette

Dieses Kissen zeichnet sich durch seine Rosette auf der Vorderseite, den gemusterten Rand (Blende) und die karierte Rückseite mit Knopflochleiste aus. Die Naht entlang der Blende auf der Vorderseite wird durch ein Chiffon-Rüschenband geschmückt.

Für die Vorderseite zunächst die Vorlage für die Blende (siehe Zeichnung 20) kopieren, ausschneiden und viermal aus Stoff zuschneiden. Die Teile wie einen Rahmen rechts auf rechts aneinander nähen, dabei an der Innenseite der Naht exakt 1 cm offen lassen. Nach dem Zusammennähen aller Blendenteile die Nahtzugaben auseinander bügeln. An der Innenseite der Blende ringsum 1 cm nach links umbügeln. Dann die Blende mittig auf das Mittelteil stecken und knappkantig aufsteppen. Das Mittelteil ist hier recht groß konzipiert, überstehenden Stoff eventuell zurückschneiden und versäubern. Über die Blendennaht das Chiffonband nähen.

Für die Rosette zunächst den Paspelstreifen an beiden langen Seiten ca. 0,7 cm nach links umbügeln (siehe Zeichnung 6). Anschließend den Stoffstreifen nochmals links auf links bügeln, die langen Seiten liegen exakt übereinander! Den 14 cm breiten und 50 cm langen Streifen ebenfalls links auf links bügeln. Über die offenen Stoffkanten dieses Streifens nun den Paspelstreifen schieben, mit Nadeln fixieren und knappkantig feststeppen. Dann den Streifen an den kurzen Seiten rechts auf rechts zum Ring schließen. Die untere Kante dieses Streifens nun mit einer Nadel und doppelt gelegtem Nähgarn von Hand einreihen. Nähen Sie dazu mit einem einfachen Steppstich ca. 2 mm bis 3 mm von der unteren Kante entfernt durch den Stoff und ziehen Sie zum Schluss die beiden Enden der Fäden so weit wie möglich zusammen. Die Fadenenden verknoten und die Rosette vorsichtig in Form bügeln.

Für die Rosettenmitte aus einem Papprest einen Kreis mit einem Durchmesser von 4 cm zuschneiden. Außerdem einen ringsum ca. 1 cm größeren Stoffkreis zuschneiden. Mit der Hand den Stoffkreis wie oben beschrieben umnähen, den Reihfaden aber nur leicht anziehen und den Pappkreis vorsichtig hineinlegen. Dann den Reihfaden so stramm wie möglich anziehen, die Fadenenden aber nicht verknoten (!), und den Kreis bügeln. Den Reihfaden nun lockern, die Pappschablone wieder entfernen und den Kreis mittig auf die Rosette stecken. Beide Teile zusammen auf der Vorderseite des Kissens feststeppen.

Für die Knopfleiste an den beiden rückwärtigen Schnittteilen jeweils eine Längsseite (also eine 47 cm lange Seite) zweimal 5 cm nach links umbügeln und knappkantig feststeppen. Dann in das kleinere Vorderteil fünf Knopflöcher einarbeiten (siehe Handbuch der Nähmaschine). Der Abstand der Knopflöcher zu den beiden äußeren Kanten beträgt 5 cm.

Anschließend die beiden rückwärtigen Kissenteile übereinander legen, das kleinere Kissenteil liegt oben. Die Größe des zusammengesetzten, rückwärtigen Kissenteils auf die Größe des vorderen Kissenteils abstimmen. Die beiden hinteren Kissenhälften mit Nadeln aufeinander feststecken und innerhalb der Nahtzugaben aufeinander nähen.

Anschließend das vordere und hintere Kissenteil rechts auf rechts legen und ringsum feststeppen. Den Kissenbezug wenden, die Ecken mit einer Schere vorsichtig herausdrücken und bügeln. Mit einem doppelt gelegten Faden die Knöpfe am unteren Kissenvorderteil befestigen.

Blumendeko einmal anders

Diese Blumendeko ist schnell gemacht und dennoch ausgesprochen dekorativ! Sie brauchen dazu lediglich einige Reisigäste, die es mittlerweile in fast allen Möbelhäusern zu kaufen gibt. Die Äste bündeln, an den äußeren Kanten mit zwei Bändern zusammenbinden und an zwei in die Wand eingeschlagene Nägel knoten. Anschließend ausreichend lange Chiffonbänder um Reagenzgläser (gibt's beim Bastelbedarf) binden und diese damit an die Zweige knoten. Zum Schluss die Gläser mit Wasser füllen und mit kleinen Blüten bestücken.

Kleines Wandregal

Eine schnelle und billige Möglichkeit, um eine Ablagefläche für Kleinigkeiten oder Bücher zu schaffen: Das kleine Wandregal besteht lediglich aus drei Holzkästen, die an der Wand befestigt werden. Über den Kästen wird ein Leimholzbrett montiert.

Dazu die Holzkästen lackieren, trocknen lassen, eventuell anschleifen und ein weiteres Mal lackieren. Dann die Kästen mit jeweils zwei Schrauben an der Wand montieren, der Abstand der Kästen beträgt ca. 10 cm zueinander. Ganz zum Schluss das lackierte Ablagebrett mit Nägeln oder Leim auf den Kästen befestigen.

Material

- 3 Holzkästen mit Rückwand, 17 cm tief, ca. 30 cm x 30 cm
- Leimholzbrett, 18 mm stark, 35 cm x 1,30 m
- Acryllack
- Nägel/Leim
- 6 Universalschrauben/Dübel
- Pinsel/Lackierrolle
- Bohrmaschine mit passenden Bohraufsätzen
- ggf. Schwingschleifer

Lampenschirm

Für diesen plissierten Lampenschirm benötigen Sie sogenanntes Aslan. Dabei handelt es sich um eine schwer entflammbare Folie, die auf einer Seite zusätzlich mit einer selbstklebenden Schicht versehen ist. Aslan erhalten Sie in Bastelgeschäften, gelegentlich auch in Stoffgeschäften oder in den Kurzwarenabteilungen der Kaufhäuser.

Je nach Größe des Lampenschirms brauchen Sie unterschiedlich viel Aslan. Ihren Verbrauch entnehmen Sie bitte unten stehender Aufstellung. Beim Stoffverbrauch ist bereits etwas mehr Stoff angegeben, den Sie anschließend zurückschneiden können:

Lampenhöhe	Aslanverbrauch	Stoffverbrauch
15 cm	1,00 m x 15 cm	19 cm x 1,00 m
17 cm	1,00 m x 17 cm	21 cm x 1,00 m
19 cm	1,40 m x 19 cm	2x 23 cm x 75 cm
23 cm	1,40 m x 23 cm	2x 27 cm x 75 cm
25 cm	1,70 m x 25 cm	2x 29 cm x 90 cm
28 cm	2,00 m x 28 cm	2x 32 cm x 1,05 m
35 cm	2,20 m x 35 cm	2x 39 cm x 1,15 m
40 cm	2,20 m x 40 cm	2x 44 cm x 1,15 m

Und so gehen Sie vor: Zunächst das Aslan in der gewünschten Größe zuschneiden. Den Stoff eventuell aus zwei Teilen zuschneiden, er sollte insgesamt 4 cm höher sein als das Aslan.

Das Aslan mit der Stricknadel und einem Lineal oder Geodreieck, parallel zu den schmalen Seiten, alle 3 cm einritzen. Hier können Sie sich an den vorgedruckten Linien auf dem Aslan orientieren. Beim Einritzen darauf achten, dass die „Einkerbungen" im Aslan weder zu schwach noch zu stark sind. Das Einritzen ist sehr anstrengend, sollte aber dennoch so präzise wie möglich vorgenommen werden.

Dann die Schutzfolie abziehen und von der Mitte aus den Stoff bzw. die Stoffbahnen blasenfrei aufkleben. An der oberen und unteren Kante müssen 2 cm Stoff überstehen! Eventuell ausgefranste Stoffkanten nun nochmals sauber zurückschneiden.

Dann das doppelseitige Klebeband auf den überstehenden Stoff an der oberen und unteren Kante aufkleben, die Schutzfolie abziehen und den Stoff auf dem Aslan festkleben. An den Seiten den überstehenden Stoff bündig abschneiden.

Nun kann der gesamte mit Aslan hinterklebte Stoff wie eine Ziehharmonika gefaltet werden. Bei zusammengesetzten Stoffbahnen von der Mitte aus beginnen, der Falz bei zwei zusammengesetzten Stoffbahnen sollte innen liegen! Dieser Arbeitsgang ist sehr anstrengend, trotzdem sollte er extrem exakt ausgeführt werden. Merken Sie bei den ersten Faltenbrüchen bereits, dass die Einkerbungen im Aslan nicht tief genug sind, sollten Sie unbedingt nachbessern. „Fehlknicke" lassen sind nicht wieder rückgängig machen. Nach dem Falten den ersten und letzten Falz mit Klebstoff zusammenkleben.

Nun in jede Falte mittig mit der Lochzange ein Loch stanzen. Die Löcher befinden sich ca. 3 cm unterhalb der oberen Kante. Durch diese Löcher mit einer dicken Stopfnadel das Satinband ziehen. Das Band so weit anziehen, dass sich der Lampenschirm dem Lampenschirmring anpasst, und die Bandenden verknoten.

Material

- Baumwollstoff
- Aslan
- Satinband, 0,5 cm breit
- Lampenschirmring
- doppelseitiges Klebeband, 1 cm breit
- Flüssigkleber
- Sekundenkleber
- Stricknadel
- Schere
- dicke Stopfnadel
- Lochzange

Zum Schluss den Lampenschirmring mit Sekundenkleber am Lampenschirm befestigen.

Kissen mit Hotelverschluss und Bindebändern

Material

• unterschiedlich gemusterte Baumwollstoffe
• Kissen-Inlett
• Näh-Grundausstattung

Dieses Kissen hat einen Hotelverschluss, an den Bindebänder genäht werden. Für diese Kissenart wird im Normalfall nur ein Stoffstück benötigt. Um Vorder- und Rückseite jedoch unterschiedlich zu gestalten, wurden hier ein kariertes (für die Rückseite) und ein gemustertes Stoffstück (für die Vorderseite) aneinander genäht.

Der Zuschnitt für die Rückseite (karierte Seite) entspricht der Kissengröße plus ringsum 1 cm Nahtzugabe. Für die Vorderseite (gemusterte Seite) das Schnittteil 15 cm länger als die Kissengröße zuschneiden (für den Einschlag im Inneren des Kissens), an der oberen und unteren Kante werden wie gewohnt 1 cm Nahtzugabe zum Zusammennähen benötigt.

Dann geht es ans Nähen (siehe Zeichnung 9): Die beiden Schnittteile für die Rück- und die Vorderseite rechts auf rechts zusammennähen, die Nahtzugaben auseinander bügeln. Dann die kurzen Seiten zweimal ca. 1 cm nach links umbügeln und feststeppen. Anschließend den Stoff laut Zeichnung rechts auf rechts legen und die beiden Stofflagen an den Seiten mit Nadeln aufeinander feststecken. Dann den Umschlag zurückfalten und ebenfalls an den Seitennähten auf den bereits zusammengesteckten Stofflagen feststecken. Die Seitennähte steppen und das Kissen nach rechts wenden. Die Nahtzugaben auseinander bügeln. So ist an der Innenseite ein Einschlag entstanden, in welchen das Kissen-Inlett geschoben wird.

Für die Bindebänder werden vier Bänder benötigt (siehe Zeichnung 2), die aus 4 cm x 30 cm großen Stoffstreifen gearbeitet werden. Die Bänder ca. 8 cm von den Außenkanten entfernt feststeppen.

Material

(für einen 23 cm x 29 cm großen Wäschebeutel)

• unterschiedlich gemusterte Baumwollstoffe:
  · je 1x Vorder- und Rückseite,
    25 cm x 35 cm
  · 2 Streifen für den Tunnel-
    durchzug, 24 cm x 5,5 cm
• Rüschenlitze, 24 cm lang
• Zackenlitze, 24 cm lang
• 2 Baumwollkordeln, 50 cm lang
• Näh-Grundausstattung

Wäschebeutel

Dieser Wäschebeutel ist bestens zur Verwertung von Stoffresten geeignet und schnell genäht! Hier können auch kürzere Litzen und Bänder verarbeitet werden.

An der Vorder- und Rückseite des Beutels die obere Kante ca. 5 cm nach links umbügeln. Die vorgebügelte Kante nun wieder aufschlagen und die beiden Beutelhälften rechts auf rechts aufeinander nähen, die Nahtzugaben auseinander bügeln. Nun die obere Kante entlang des eingebügelten Bruchs wieder nach innen einschlagen und ca. 4,5 cm breit absteppen.

Die beiden Stoffstreifen für den Tunneldurchzug zunächst an den beiden langen Seiten und im Anschluss daran auch an den beiden kurzen Seiten 1 cm breit nach links umbügeln. Dann die Streifen ca. 4 cm von der oberen Kante entfernt auf die beiden Beutelhälften steppen. Dabei an der unteren Kante die Rüschenlitze oder die Zackenlitze beim Steppen mitfassen. Die Litzen an den Seiten einschlagen. Dann die Kordeln mithilfe einer Sicherheitsnadel einziehen. Die Kordel an einer Seite in den Tunnel schieben und auch an dieser Seite die Kordel wieder herausführen. Die zweite Kordel auf der gegenüberliegenden Seite hinein und auch wieder heraus fädeln! Die Enden der Kordeln verknoten.

Mädchenzimmer in Türkis und Weiß

Ein Mix aus farbenfrohen Stoffen in Kombination mit einer frischen, hellen Wandfarbe und weißen Möbeln verleiht jedem Kinderzimmer ein fröhliches und einladendes Ambiente. In diesem Mädchenzimmer wurden zwei Wände in Türkis gestrichen – der Farbe des Meers. Diese Farbauswahl wurde auch bei der Stoffauswahl beibehalten. Die Palette der Türkistöne scheint endlos zu sein, allein das Patchworkkissen weist etliche Nuancen davon auf. Damit das Kinderzimmer durch die Farbwahl nicht zu kühl wirkt, wurden Akzente in Rottönen gesetzt.

Betthaupt

Material

- Baumwollstoff
- Spanplatte, 1 cm stark
- dickes Volumenvlies, 2x in Holzgröße
- 4 dünne Leisten, ca. 1 cm stark (Abstandshalter Wand)
- Sprühkleber
- 2 Riegelschlaufen (Aufhänger)
- 2 Wandhaken
- Dübel (für die Wandhaken)
- kleine Nägel
- Hammer
- Tacker
- Bohrmaschine/Akkubohrer mit passenden Bohraufsätzen

Das Betthaupt ist extrem einfach und schnell herzustellen und bietet allabendlich beim Lesen viel Komfort. Stimmen Sie den Stoff auf die Wandfarbe ab und überlegen Sie im Vorfeld, mit welchen anderen Stoffen Sie das Kopfteil kombinieren wollen (Bettwäsche, Zierkissen, Lampe).

Bestimmen Sie vorab, wie groß die stoffbezogene Platte werden soll. Hier schließt sie seitlich bündig mit der Bettkante ab und ragt ca. 1,25 m über dem Bett hervor. Stimmen Sie die Maße auf Ihre Bettgröße ab.

Die Spanplatte mit Sprühkleber besprühen und das Volumenvlies aufkleben. Anschließend das Vlies nochmals besprühen und eine weitere Schicht Volumenvlies aufbringen. Dabei nur wenig Druck ausüben.

Den Stoff so zuschneiden, dass er ringsum ca. 10 cm größer ist als die Spanplatte. Er wird über das Holz gespannt und auf der Rückseite festgetackert. Hat der Stoff ein geometrisches Muster, muss er so exakt wie möglich aufgebracht werden, kleinste Fehler sind nach dem Bespannen sichtbar! Wie auf dem Foto gezeigt, muss das Muster exakt an den Kanten der Spanplatte ausgerichtet werden.

Nach dem Beziehen der Platte die Riegelschlaufen an der Rückseite anbringen. Hierbei handelt es sich um eckige Metallschellen, die man in Wandhaken einhängen kann. Die beiden Riegelschlaufen ca. 10 cm unterhalb der Oberkante anbohren. Da die Metallschlaufen ca. 1 cm weit vorstehen, müssen ringsum kleine Leisten aufgenagelt werden, damit das gepolsterte Betthaupt später nicht wackelt. Die Leisten dienen also als Abstandhalter zur Wand und müssen exakt auf die Höhe der Riegelschlaufen abgestimmt werden. Diese dazu ca. 1 cm bis 2 cm von den Außenkanten entfernt aufnageln.

Zum Schluss die Wandhaken montieren und das Betthaupt einhängen. Durch das Eigengewicht der Platte und die aufgebrachten Leisten hängt es jetzt sicher und fest an der Wand!

Tipp

Bei einem großflächigen Blumenmuster ist das Bespannen wesentlich einfacher, kleine „Unregelmäßigkeiten" sind kaum sichtbar.

Himmlische Träume

Ein Bett für Prinzessinnen

Hier fand eine Verwandlung vom Aschenputtel zur Prinzessin statt! Aus einem alten, eher unansehnlichen Kiefernholzbett wurde ein weißes, holzvertäfeltes Bett mit viel Stauraum.

Hierzu als Unterkonstruktion zwischen die Beine des Bettes einfache Dachlatten schrauben, auf die Rundholzpaneele aufgebracht werden. Die Paneele sind im Baumarkt für wenig Geld erhältlich. Wer mag, kann sie bereits vorlackiert kaufen und muss sie nach der Montage lediglich noch einmal überstreichen.

Das Fußteil wurde mit einer Klappenkonstruktion versehen, sodass unter dem Bett viel Stauraum, beispielsweise für eine „Besuchermatratze", entstand.

Auf die oberen Kanten des Bettes zum Schluss schmale Bretter schrauben. Lediglich an der Wand findet man ein breiteres Brett, welches als Ablagefläche für Kuscheltiere oder Bücher dient. An den Ecken Winkelleisten anbringen, die unteren Kanten durch flache Leisten abdecken.

Material

(für eine 1,40 m x 2,10 m große Decke)

- unterschiedlich gemusterte Baumwollstoffe für die Vorderseite:
  - oberes Schnittteil, 1,42 m x 20 cm
  - mittleres Schnittteil, 1,42 m x 25 cm
  - unteres Schnittteil, 1,42 m x 1,71 m
  - 2 Paspelstreifen, 1,42 m x 4 cm
  - Stoffreste (Beziehen der Knöpfe)

- Baumwollstoff für die Rückseite:
  - 1,42 m x 2,12 m
- dickes, aufbügelbares Volumenvlies, 1,42 m x 2,12 m
- 7 alte Knöpfe
- Näh-Grundausstattung

Tagesdecke

Für das Vorderteil zunächst die Paspelstreifen links auf links bügeln, die offenen Kanten liegen aufeinander (siehe Zeichnung 8). Dann einen Paspelstreifen etwa 3 mm breit an das untere Schnittteil nähen. Anschließend das mittlere Schnittteil rechts auf rechts darauf feststeppen. Die Naht bügeln, der Paspelstreifen liegt auf dem unteren Teil. Den zweiten Paspelstreifen knappkantig an das mittlere Schnittteil steppen, darüber das obere Schnittteil feststeppen und die Naht bügeln. Dieser Paspelstreifen liegt auf dem mittleren Schnittteil.

Auf die gesamte Rückseite der Decke das Volumenvlies aufbügeln, hierzu ein Bügeltuch verwenden. Dann Vorder- und Rückseite der Decke rechts auf rechts aufeinander steppen, dabei an einer langen Seite eine ausreichend große Öffnung zum Wenden offen lassen. Die Ecken schräg abschneiden, die Decke durch die Öffnung wenden.

Die Ecken vorsichtig mit einer Schere herausdrücken und die Kanten bügeln. Die Öffnung mit Handstichen zunähen.

Damit sich das Volumenvlies beim späteren Waschen nicht löst und die beiden Deckenhälften fest miteinander verbunden werden, mit der Nähmaschine nun Kreise, Zackenlinien oder kleine Riegel durch alle Stofflagen steppen. Hier können Sie Ihrer Kreativität freien Lauf lassen. Zuvor alle Lagen der Decke mit Stecknadeln fixieren, damit sie beim Nähen nicht verrutschen.

Zum Fixieren der Stofflagen können noch zusätzlich bezogene Knöpfe aufgenäht werden. Entsprechend der Knopfgröße Stoffkreise zuschneiden, der Durchmesser sollte ungefähr doppelt so groß sein wie der Knopfdurchmesser. Mit einem doppelt gelegten Faden ca. 2 mm bis 3 mm von der Stoffkante entfernt einen Reihfaden einziehen, Nahtanfang und -ende werden nicht vernäht! Anschließend den Faden an beiden Enden vorsichtig anziehen, den Knopf in die Mulde legen und den Faden weiter anziehen, bis sich der Stoff stramm um den Knopf gelegt hat. Die beiden Fadenenden zusammenknoten und den Stoff damit festnähen. Mit einem neuen, doppelt gelegten Faden die Knöpfe an der Decke festnähen, dabei durch alle Stofflagen hindurch nähen.

Hübsches Nacht-schränkchen

Das Nachtschränkchen wurde aus alten Leimholzresten selbst gebaut, hinzugekauft wurden lediglich vier eckige Beine, zwei schmückende Holzornamente und zwei Schubladenknöpfe. Es ist ca. 65 cm breit, 45 cm tief und 53 cm hoch.

Die Tischplatte an drei Seiten wellenförmig zuschneiden und die Kanten mit einer Oberfräse abrunden. Wer sich ein solches Projekt nicht zutraut, der wendet sich am besten an einen Schreiner, der macht es gern und wahrscheinlich professioneller!

Machen Sie sich im Vorfeld Gedanken über die Größe des Nachttisches und fertigen Sie ggf. Schablonen für die Tischplatte und die untere Strebe auf der Vorderseite an. Das spart dem Schreiner Zeit und Sie wissen im Vorfeld schon, wie das Schränkchen später aussehen wird. Das Lackieren können Sie dann wieder selbst übernehmen.

Kissen mit Applikation

Die Schablone für die Blumenapplikation (siehe Zeichnung 21) abkopieren und ausschneiden. Auf die linke Stoffseite der Stoffreste Vliesofix® aufbügeln und die einzelnen Schablonenteile seitenverkehrt auflegen. Die Konturen mit Bleistift übertragen und alle Teile sorgfältig mit einer scharfen Schere ausschneiden. Die Trägerpapier abziehen und die Schnittteile auf das vordere Kissenteil aufbügeln. Dann mit einem kleinen, dicht eingestellten Zick-Zack-Stich zunächst die Blütenblätter aufnähen. Zum Schluss den inneren Kreis der Blumen umnähen.

Mit Nadeln zunächst die schmale Zackenlitze, anschließend die breite Litze um die Applikation feststecken. Die Litzen mit der Maschine aufnähen, dabei das überlappende Ende jeweils knappkantig nach links einschlagen. Auf den inneren Kreis mit kleinen Handstichen die Pailletten aufnähen.

In die Rückseite des Kissens einen Reißverschluss einnähen. Hierzu die beiden Schnittteile an den 52 cm langen Seiten rechts auf rechts aufeinander legen und die Reißverschlussnaht am Anfang und am Ende ca. 3,5 cm zunähen. Die Nahtzugaben auseinander bügeln und die offenen Kanten im Reißverschlussbereich nach links umbügeln. Den Reißverschluss einnähen (siehe Zeichnung 5).

Nun die Vorder- und Rückseite des Kissens rechts auf rechts legen und alle Kanten ringsum aufeinander steppen. Das Kissen wenden, die Ecken mit einer Schere vorsichtig herausdrücken und alle Kanten bügeln. Das Inlett einschieben und den Reißverschluss zuziehen.

Material

(für ein 50 cm x 50 cm großes Kissen)

- unterschiedlich gemusterte Baumwollstoffe für die Vorderseite:
  · 52 cm x 52 cm
  · Baumwollstoffreste für die Applikationen
- Baumwollstoff für die Rückseite:
  · 12 cm x 52 cm
  · 42 cm x 52 cm

- Kissen-Inlett, 50 cm x 50 cm
- Wäschereißverschluss, 49 cm lang
- Vliesofix®
- breite Zackenlitze, 1,50 m lang
- schmale Zackenlitze, 1,30 m lang
- ca. 30 Pailletten
- Näh-Grundausstattung

Patchworkkissen mit Knopfleiste

Das Kissen weist nach Fertigstellung eine Gesamtgröße von 90 cm x 90 cm auf, wobei es ringsum einen ca. 5 cm breit abgenähten Stehsaum hat; das Inlett muss also 80 cm x 80 cm groß sein.

Die Gesamtgröße der Vorderseite muss 92 cm x 92 cm betragen, deshalb müssen Sie beim Aneinandernähen der Stoffquadrate sehr exakt arbeiten. Die Angaben für die Streifen stellen nur Richtwerte dar, d. h. Sie sollten nach dem Zusammennähen der Stoffquadrate nochmals nachmessen und die Streifen für die Umrandung so zuschneiden, dass Sie auf eine Größe von 92 cm x 92 cm kommen! Zunächst die Stoffquadrate (jeweils fünf pro Reihe) rechts auf rechts aneinander nähen und die Nähte auseinander bügeln. Nach Fertigstellung der einzelnen Reihen diese rechts auf rechts aneinander nähen und die Nähte ebenfalls auseinander bügeln. Dann die beiden seitlichen Streifen annähen und die Nähte ebenfalls bügeln. Zum Schluss den oberen und unteren Streifen annähen. Auch diese Nähte sorgfältig bügeln. Auf diese Steppnaht die kürzere Zackenlitze aufnähen.

Material

(für ein 90 cm x 90 cm großes Kissen)

- unterschiedlich gemusterte Baumwollstoffe für die Vorderseite:
  · 25 Quadrate, 15 cm x 15 cm
  · 2 seitliche Streifen, ca. 14,5 x 69 cm
  · 2 Streifen für oben und unten, ca. 14,5 cm x 92 cm
- Baumwollstoff für die Rückseite:
  · oben, 35 cm x 92 cm
  · unten, 82 cm x 92 cm
- Kissen-Inlett, 80 cm x 80 cm
- Zackenlitze, 2,70 m und 3,60 m lang
- 5 Knöpfe
- Näh-Grundausstattung

Für die Knopfleiste auf der Rückseite an beiden rückwärtigen Schnittteilen (an den 92 cm langen Seiten) den Stoff zweimal je 5 cm nach links umbügeln und knappkantig absteppen. In das kleinere Schnittteil fünf Knopflöcher einarbeiten (siehe Handbuch der Nähmaschine). Dann die beiden rückwärtigen Kissenteile übereinanderlegen, das Teil mit den Knopflöchern liegt oben. Zusammen sollten sie eine Gesamtlänge von 92 cm ergeben. Diese innerhalb der Nahtzugabe knappkantig aufeinander feststeppen.

Zum Schluss das vordere und rückwärtige Kissenteil rechts auf rechts aufeinander steppen. Das Kissen wenden, die Ecken vorsichtig mit einer Schere herausdrücken und die Kanten bügeln. Im Abstand von ca. 5 cm zur äußeren Kante das Kissen auf der Vorderseite absteppen. Auf diese Naht die längere Zackenlitze aufnähen und zum Schluss die Knöpfe annähen.

Lampe

Für die Lampe benötigen Sie einen weißen Lampenschirm, der mit Stoff beklebt wird. Zunächst sollten Sie einen Papierschnitt herstellen. Rollen Sie dazu den Schirm auf einem großen Stück Papier ab. Machen Sie dabei entlang der oberen und unteren Kante kleine Markierungen auf dem Papier. Beginnen und enden Sie an der Nahtstelle des fertigen Schirms. Den Papierschnitt ausschneiden, auf den Stoff übertragen und an allen Kanten 1,5 cm bis 2 cm Nahtzugabe anschneiden.

Den Lampenschirm mit Sprühkleber einsprühen. Den Stoff auflegen, exakt ausrichten und festkleben. Eine Längsseite 1 cm nach innen einschlagen und über die andere offene Kante kleben. Den Stoff an der oberen und unteren Kante nach innen einschlagen und ebenfalls festkleben, hierzu den Flüssigkleber oder den Klebestift einsetzen. Die offenen Stoffkanten im Inneren des Lampenschirms mit Zackenlitze überkleben.

Auf ein ausreichend langes Organzaband kleine Papierblüten kleben und das Band locker um den Lampenschirm binden.

Material

- Baumwollstoff
- Lampenschirm in Weiß
- Zackenlitze
- Organzaband
- Papierblumen
- Sprühkleber
- Flüssigkleber/Klebestift
- Papier
- Schere
- Bleistift
- Lineal/Geodreieck

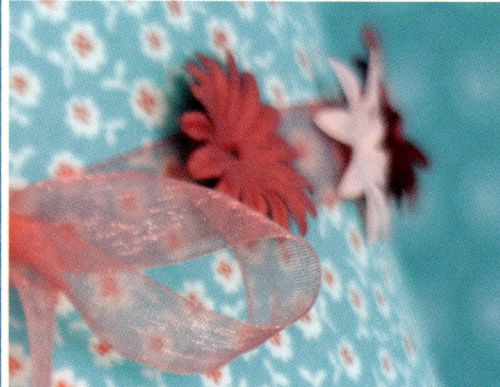

Eck-Schrank

Speziell bei kleineren Räumen ist es manchmal schwierig, den vorhandenen Platz so effektiv wie möglich zu nutzen. Häufig findet man nicht die platzsparenden „Wunschmöbel", die man sich vorgestellt hat. Hier wurde deshalb extra ein deckenhoher Wandschrank mit einer Schenkellänge von ca. 80 cm von einem Schreiner gebaut, der sich sehr platzsparend in die Zimmerecke einfügt, aber trotzdem enorm viel Stauraum bietet. Durch seine deckenhohe Konstruktion ist im oberen Teil viel Platz für alte Spielsachen oder Winterbekleidung, die man nur gelegentlich braucht.

Bei einer Anfertigung nach eigenen Entwürfen können Sie natürlich auch Ihre Ideen individuell einbringen. Hier wurde beispielsweise ein ovales Fenster eingebaut. Wahlweise wird der Schrank noch mit weiß lackierten Holzornamenten geschmückt. Diese sind in Holzmärkten, aber auch in Bastelgeschäften und im Internet zu bekommen.

Material

(für einen 40 cm x 80 cm großen Setzkasten)

- Baumwollstoff, 43,6 cm x 80 cm
- Leimholzbretter, 18 mm stark:
  - 2 Seitenteile, 80 cm x 10 cm
  - 2 Regalteile für oben bzw. unten, 10 cm x 40 cm
  - 1 bis 2 Einlegeböden, 10 cm x 40 cm
- dünne Sperrholzplatte für die Rückwand, ca. 43,6 cm x 80 cm
- Acryllack
- kleine Nägel
- Holzschrauben
- 2 Aufhänger
- Sprühkleber
- feines Schleifpapier
- Lackierrolle/Pinsel
- Bohrmaschine/Akkubohrer mit passenden Bohraufsätzen

Setzkasten

Bohren Sie zunächst das obere und untere Brett sowie die Einlageböden an ein Seitenteil. Jedes Brett wird mit zwei Schrauben am Seitenteil befestigt. So gehen Sie vor: Machen Sie zunächst an einem (!) Seitenteil Markierungen, in welcher Höhe die Bretter angeschraubt werden sollen, die Bohrung für das obere bzw. untere Brett sind 9 mm von der oberen bzw. unteren Kante entfernt (also halbe Brettstärke!). Mit einem Holzbohrer an diesen Stellen kleine Löcher vorbohren. Dann die Schrauben zunächst durch die vorgebohrten Löcher und anschließend in die entsprechenden Bretter eindrehen. Nun sind die kurzen Bretter bereits an einem Seitenteil befestigt. Im nächsten Arbeitsgang das zweite Seitenteil fixieren.

Den Setzkasten lackieren, mit feinem Schleifpapier anschleifen, den Staub entfernen und nochmals lackieren.

Messen Sie dann die exakte Größe des Setzkastens aus. Das Sperrholz für die Rückwand sollte exakt diese Größe haben. Dieses mit Sprühkleber einsprühen und den Stoff blasenfrei aufkleben. Die fertige Rückwand mit kleinen Nägeln an den Setzkasten nageln und zum Schluss die Aufhänger anschrauben.

Tipp

Diese Setzkästen haben nicht nur einen praktischen Nutzen, sie übernehmen durch wechselnde Dekorationen auch eine schmückende Aufgabe im Kinderzimmer. Die Kinder können hier immer wieder aufs Neue ihre Lieblingssachen präsentieren und das Zimmer somit neu dekorieren.

Außergewöhnlich

Origineller Dekobaum

Diese Deko ist nahezu kostenlos! Dafür einen kleinen Baum oder tote Zweige mit Sprühlack oder Acryllack anmalen und als Garderobe oder zum Aufhängen kleiner Blumen, Taschen oder anderem Kleinkram „zweckentfremden".

Den fertig lackierten Baum in ein hohes Gefäß stellen, welches mit ausreichend Sand aufgefüllt werden muss. Wahlweise können Sie auch Steine oder Zement nehmen. Wer möchte, kann noch eine Lichterkette um den Baum wickeln.

Zierrosette

Material

- Baumwollstoff:
  - 2 Kreise, ø 6,5 cm
  - 2 Streifen, 6 cm x 45 cm
- 2 dünne Pappkreise, ø 5 cm
- 2 Volumenvlies-Kreise, ø 5 cm
- Zackenlitze, 15 cm lang
- Klebestift
- Heißklebepistole
- Nähnadel
- Nähgarn

Den Stoffstreifen an den beiden schmalen Seiten rechts auf rechts legen, zusammennähen und die Naht auseinander bügeln. Dann den Streifen der gesamten Länge nach links auf links bügeln.

Mit einer Nähnadel und einem doppelt gelegten Faden die untere Kante einkräuseln. Dazu den Faden mit größeren Stichen einnähen, die beiden Faden-enden anziehen, verknoten und die Kräusel gleich-mäßig verteilen.

Der eingekräuselte Streifen sollte nach dem Einkräuseln so groß sein, dass er vom Pappkreis ungefähr 1 cm bis 1,5 cm verdeckt wird.

Dann die Pappkreise beziehen. Dazu das Volumenvlies mit dem Klebestift jeweils mittig auf die Pappe kleben. Den Stoffkreis ebenfalls mit einem Reihfaden zusammenziehen. Die Pappe mittig hineinlegen, den Reihfaden so weit wie möglich anziehen und die Fadenenden zusammenknoten.

Nun den eingekräuselten Stoffstreifen zwischen die beiden bezogenen Pappkreise legen. Mittig die zur Hälfte gefaltete Zackenlitze einlegen und alles sorgfältig mit der Heißklebepistole zusammenkleben.

Säckchen

Die Stoffreste so aneinander nähen, dass zwei 23 cm x 28 cm große Rechtecke entstehen. Anschließend die beiden Rechtecke rechts auf rechts aufeinander legen und die Seitennähte schließen, dabei jedoch an einer Seite die oberen 3 cm offen lassen. Die Nahtzugaben auseinander bügeln, die obere Kante 1,5 cm nach links einschlagen und knappkantig feststeppen.

Mit einer Sicherheitsnadel das Satinband in den Tunnel einziehen und die Enden verknoten.

Material

(für ein 21 cm x 25 cm großes Säckchen)

- unterschiedlich gemusterte Baumwollstoffreste
- Satinband, 60 cm lang
- Näh-Grundausstattung

Gardine

Die Länge und Breite der Gardine ist abhängig von der Raumhöhe und Fensterbreite, deshalb können hier nur Richtwerte angegeben werden. Überlegen Sie im Vorfeld, wie die Gardinenstange angebracht werden soll. Im Normalfall wird sie ca. 15 cm bis 20 cm oberhalb des Fensters angebracht und ist mindestens 40 cm breiter als das Fenster, d. h. die Gardinenstange steht an jeder Seite 20 cm über. Stimmen Sie die exakte Länge auf die baulichen Gegebenheiten Ihres Raumes ab.

Was die Gardinenlänge anbelangt, ist Folgendes zu beachten: Die Gardine weist an der oberen Kante einen kleinen Volant auf, der Stoff liegt hier also doppelt. Die untere Kante des Volants wird mit einem Paspelstreifen eingefasst. Sie benötigen für die Gardinenlänge an der oberen Kante 1 cm und für den Saum 15 cm Mehrlänge. Für den Volant ist das Anschneiden von Nahzugaben oder Saumzugaben nicht notwendig. Im unteren Teil der Gardine ist ein Paspelstreifen zwischengefasst.

Was die Gardinenbreite angeht, so sollten Sie diese auf die Länge der Gardinenstange abstimmen und je nach Wunsch etwas Mehrweite zugeben, mindestens aber 20 cm, damit sich die beiden Gardinenhälften auch lose zuziehen lassen.

In den unteren Teil der Gardine eine Naht einfügen, dabei (siehe Zeichnung 8) eine Paspel zwischenfassen, welche zuvor links auf links gebügelt wurde. Anschließend die seitlichen Gardinenkanten zweimal 1 cm breit nach links einschlagen und feststeppen.

Material

- unterschiedlich gemusterte Baumwollstoffe:
  - Grundstoff Gardine
  - Volant, 25 cm x Gardinenbreite
  - Paspel, 4 cm breit x Gardinenbreite
  - 2 Stoff- bzw. Schrägstreifen, 4 cm x Gardinenbreite
- Schleifen, je 40 cm x 4 cm
- Zackenlitze, so lang wie die Gardinenbreite
- Gardinenstange
- Näh-Grundausstattung

Deckenlampe

Am Volant zunächst die untere Kante des Volants einfassen (siehe Zeichnung 6). Dazu einen 4 cm breiten Stoffstreifen bügeln, um die Stoffkante legen und feststeppen. Die seitlichen Kanten des Volants zweimal ca. 1 cm breit nach innen einschlagen und feststeppen. Dann den Volant auf die obere Kante der Gardine legen, knappkantig (innerhalb der Nahtzugabe) feststeppen und den oberen Rand ebenfalls mit einem 4 cm breiten Schrägstreifen einfassen (siehe Zeichnung 6). Anfang und Ende des Schrägstreifen 1 cm breit nach innen einschlagen.

Für die Schleifen jeweils beide langen Seiten der Stoffstreifen 1 cm nach links und anschließend auch eine schmale Seite nach innen umbügeln (siehe Zeichnung 2). Dann den gesamten Streifen der Länge nach Kante auf Kante falten, den Bruch einbügeln und knappkantig absteppen. Immer jeweils zwei Bänder in regelmäßigen Abständen (ca. alle 15 cm bis 20 cm) an die obere Gardinenkante steppen.

Die Gardine mit kleinen Schleifen an die Gardinenstange binden und die Länge kontrollieren, eventuell Korrekturen vornehmen. Dann für den Saum zunächst 1 cm der offenen Saumkante nach links umbügeln, anschließend die restliche Saumbreite umbügeln und knappkantig feststeppen.

Material

- unterschiedlich gemusterte Baumwollstoffreste
- Ballon-Lampenschirm
- Bänder/Zackenlitzen
- Pappreste
- Klebestift/Sprühkleber
- Flüssigkleber
- Heißklebepistole
- Schere

Die Schablone für die Schmetterlinge (siehe Zeichnung 22) kopieren und ausschneiden.

Die Stoffreste mit einem Klebestift/Sprühkleber auf die Pappe kleben, die Schablone auf die Rückseite legen und die Konturen nachzeichnen. Die Schmetterlinge mit einer scharfen Schere sorgfältig ausschneiden und entlang der Mittellinie einmal falten.

Die Lampe je nach Wunsch mit den unterschiedlichsten Bändern bekleben, hierzu eignet sich Flüssigkleber. Zum Schluss die Schmetterlinge mit der Heißklebepistole aufkleben.

Schreibtisch

Der Schreibtisch besteht aus zwei kleinen Kommoden, einer Küchenarbeitsplatte und zwei kleinen, selbst gebauten Regalen, die seitlich hinter die Kommode gestellt werden und somit ebenfalls die Arbeitsplatte tragen. Sie bieten zusätzlich Platz für Ordner und anderen Kleinkram.

Bei der Wahl der Kommoden sollte man darauf achten, dass sie ungefähr Tischhöhe aufweisen (ca. 70 cm).

Zunächst die beiden Kommoden und die Arbeitsplatte lackieren. An die Schubladen Muschelgriffe oder andere Ziergriffe schrauben.

Dann die Arbeitsplatte probehalber auf die Kommoden legen, sie sollte ungefähr 10 cm nach vorne überstehen. Da die Platte wahrscheinlich tiefer ist als die Kommoden, zusätzlich zwei kleine Regale bauen (oder vom Tischler bauen lassen), die den verbleibenden Raum zwischen Wand und Kommode ausfüllen. Dabei die Einteilung der Regale den eigenen Bedürfnissen anpassen. Überlegen Sie, ob hier Kästen, Spiele oder Ordner ihren Platz finden sollen. Die Tischplatte sollte zusätzlich mit kleinen Metallwinkeln an der Wand befestigt werden.

Material

- 2 kleine Kommoden, Höhe ca. 70 cm
- 2 kleine Regale (vom Schreiner gebaut)
- Muschelgriffe
- Küchenarbeitsplatte
- ggf. kleine Metallwinkel
- Leimholzbretter bzw. Regal
- Acryllack
- Pinsel/Lackierrolle
- Bohrmaschine/Akkubohrer mit passenden Bohraufsätzen

Hocker mit Sitzkissen

Die Sitzfläche des Hockers ausmessen und entsprechend der ermittelten Größe eine Schaumstoffplatte für das Sitzkissen zuschneiden.

Die Oberseite besteht aus Stoffstreifen, die ca. 3 cm bis 12 cm breit sind. Die zusammengenähten Streifen sollten genauso groß sein wie die Schaumstoffplatte, aber zusätzlich ringsum 1 cm Nahtzugabe und 1 cm Zugabe für die Höhe der Schaumstoffplatte aufweisen.

In die Rückseite wird ein Reißverschluss eingenäht, sie besteht aus zwei gleich großen Stoffteilen, die halb so groß sind wie die Schaumstoffplatte und ringsum zusätzlich 1 cm Nahtzugabe aufweisen sowie 1 cm Zugabe für die Höhe des Sitzpolsters. Die beiden Schnittteile rechts auf rechts aufeinander legen und an der oberen und unteren Kante ca. 5 cm zusammennähen. Die Nahtzugaben auseinander bügeln. Die Kanten im Reißverschlussbereich 1 cm nach links umbügeln und den Reißverschluss mit einem Reißverschlussfüßchen einnähen (siehe Zeichnung 5).

Die Volants bestehen aus jeweils zwei unterschiedlichen Stoffen, die ungefähr 9 cm breit und ca. doppelt so lang sind wie die Kanten der Schaumstoffplatte. Die Streifen zunächst rechts auf rechts legen und entlang einer langen sowie beider kurzen Seiten aufeinander steppen. Die Ecken schräg abschneiden, das Teil nach rechts wenden und die Kanten bügeln. Dann den Stoffstreifen entlang der offenen Kante einreihen. Dies kann von Hand oder mit der Nähmaschine erfolgen. Bei der Nähmaschine dafür einen großen Stich und eine lockere Oberfadenspannung einstellen. Den Volant etwa 2 cm kürzer als die jeweilige Kante des Sitzkissens einkräuseln und die Fadenenden verknoten. Dann den Volant rechts auf rechts an die jeweilige Kante des Sitzkissens stecken, an den Kanten bleibt jedoch 1 cm offen. Achtung, die Volants müssen hier innen liegen, damit sie später nach dem Wenden nach außen kommen.

Nachdem alle vier Volants auf das Kissen gesteckt wurden, zur Fertigstellung die Rückseite rechts auf rechts auf die Vorderseite steppen. Anschließend alle Ecken schräg abschneiden, das Kissen wenden und die Ecken mit einer Schere herausdrücken. Die Kanten bügeln, die Schaumstoffplatte einlegen und den Reißverschluss schließen.

Material

Pinnwand

- Leimholzplatte, 18 mm stark, 1,20 m x 60 cm
- 2 Holzleisten für den Rand, 1 cm x 2 cm, 65 cm lang
- Rundholz, ø 15 mm, 1,20 m lang
- Acryllack
- kleine Nägel
- 2 Aufhänger
- Hammer
- Pinsel/Lackierrolle

Pinnkreise

- unterschiedlich gemusterte Baumwollstoffe
- 9 Topfuntersetzer aus Kork, ø 19 cm
- Nähnadel
- Nähgarn
- Heißklebepistole

Stiftebehälter

- unterschiedlich gemusterte Baumwollstoffe:
  - 7 Streifen für die Schleifen, 3,5 cm x 40 cm
  - Stoffreste für die Becher
- 7 Plastik-Trinkbecher
- Zackenlitze, ca. 50 cm lang pro Becher
- evtl. Acryllack
- Sprühkleber
- Flüssigkleber
- Pinsel

- Bohrmaschine/Akkubohrer mit passenden Bohraufsätzen

Pinselbehälter

- unterschiedlich gemusterte Baumwollstoffreste
- Zackenlitze, 50 cm lang
- 2 Chipsdosen
- ggf. 2 Schrauben und Schraubenmuttern
- Sprühkleber
- Flüssigkleber
- evtl. Acryllack
- Pinsel

kleines Holzschränkchen

- kleines Holzschränkchen
- Acryllack
- Pinsel/Lackierrolle
- Heißklebepistole

Pinnwand

Für die Pinnwand zunächst das Leimholzbrett, das Rundholz sowie die beiden seitlichen Leisten lackieren. Dann die Leisten mit kleinen Nägeln an den seitlichen Kanten des Leimholzbretts befestigen, sie stehen an der unteren Kante 5 cm weit über, die oberen Kanten schließen bündig ab. Anschließend das Rundholz unten zwischen die beiden Leisten montieren (bohren, nageln oder leimen). Die beiden Aufhänger an der Rückseite befestigen.

Für die Pinnkreise aus den Stoffresten Kreise zuschneiden, die ringsum ca. 5 cm größer sind als die Topfuntersetzer.

Mit einer Nähnadel und einem ausreichend langen, doppelt gelegten Faden im Abstand von 1 cm zur Stoffkante einen Reihfaden einziehen, dabei Fadenanfang und Fadenende nicht verknoten. Den Korkuntersetzer mittig auf den Stoff legen, die beiden Fadenenden fest zusammenziehen und miteinander verknoten.

Für die Stiftebecher die Innenseite der Trinkbecher evtl. lackieren und trocknen lassen. Dann etwa 2 cm unterhalb der oberen Kante zwei kleine, nebeneinander liegende Löcher bohren, durch die später die Bänder gezogen werden. Die Bänder (siehe Zeichnung 1) nähen.

Die Becher mit Stoff bekleben (Sprühkleber) und an die obere und untere Kante Zackenlitze kleben.

Für die Pinseldosen in das obere Drittel der Chipsdose mit einem spitzen Gegenstand ein Loch bohren. Dann die Innenseite der Chipsdosen evtl. lackieren und trocknen lassen. Die Dosen ringsum mit Stoff bekleben und an die obere und untere Kante Zackenlitze kleben.

Das kleine Holzschränkchen lackieren und trocknen lassen.

Zur Fertigstellung zunächst die Pinnkreise mittig auf die Pinnwand legen.

Links daneben die Pinseldosen, rechts daneben das Schränkchen positionieren. Nach genauer Ausrichtung der Teile alles mit ausreichend Heißkleber befestigen, die Pinseldosen evtl. mit einer Schraube und einer Schraubenmutter zusätzlich befestigen. Dann die Pinnwand an die Wand montieren. Zum Schluss die Bänder durch die Löcher der Stiftebecher ziehen, um das Rundholz wickeln und sie so mit einem festen Knoten anbringen.

Wandlampe

Den alten Lampenschirm von der Lampe entfernen und die Kabel mit Kreppband abkleben. Dann die Wandhalterung lackieren, wahlweise mit Sprühlack oder Acryllack und Pinsel.

Für das Schnittmuster des Lampenschirms entweder den alten Schirm auseinander schneiden und daraus eine Papierschablone herstellen oder an der oberen und unteren Kante des Drahtgestells zwei Punkte markieren, den Schirm auf einem Stück Papier abrollen und dabei an der oberen und unteren Kante kleine Markierungen auf dem Papier machen. Für die Bogenkante weitere 3 cm bis 5 cm an die untere Kante des Papierschnitts anzeichnen, oben sind ca. 2 cm ausreichend. Da der Lampenschirm wahrscheinlich eine leicht konische, d. h. nach unten etwas breiter auslaufende, Form aufweisen wird, muss im unteren Bereich des Schirms ebenfalls mind. 1 cm „Mehrweite" angeschnitten werden. Außerdem zum Zusammenkleben des Schirms weitere 1 cm bis 1,5 cm entlang der kompletten Seitennaht anzeichnen. Zum Schluss die untere Bogenkante anzeichnen. Den Papierschnitt ausschneiden und um das Drahtgestell des Lampenschirm legen. Wahrscheinlich sind nun kleinere Korrekturen fällig! Die Seitennaht sollte von der oberen bis zur unteren Kante gleichmäßig breit überlappen.

Die Konturen des Schnittmusters mit einem Bleistift auf die linke Seite der Lampenschirmfolie übertragen. Die Folie ausschneiden und entweder mit Sprühlack einsprühen oder auf den Stoff aufbügeln. Dann die Konturen aus dem Stoff ausschneiden und die Seitennaht zusammenkleben. Hierzu eignet sich eine Heißklebepistole.

Die Ränder sehr sorgfältig mit Zackenlitze überkleben und den fertigen Lampenschirm mit Heißkleber oder Klebstoff am Drahtgestell fixieren.

Material

- Baumwollstoff
- alte Wandlampe
- Lampenschirmfolie
- Zackenlitze
- Acryllack/Sprühlack
- Pinsel/Lackierrolle
- Sprühkleber
- Flüssigkleber
- Heißklebepistole
- Papier (für die Schablone)
- Kreppband
- Bleistift

Tipp

Alte Wandlampen sind auf dem Flohmarkt, aber auch im Internet zu finden. Sie zeichnen sich häufig durch eine außergewöhnliche Wandhalterung aus, die mit einem neuen Farbanstrich darauf wartet, einen Ehrenplatz im Kinderzimmer einzunehmen. Häufig sind die Lampen aus Holz, gelegentlich aber aus Metall. In dem Fall sollten Sie die Wandhalterung mit Sprühlack lackieren.

Aufbewahrungskästen

Die Kästen, Holzkleinteile sowie die Kugeln lackieren und trocknen lassen.

Dann mittig in die Schubladen mit einem kleinen Holzbohrer Löcher bohren, die auf die Größe der Schrauben abgestimmt sind. Ebenfalls kleine Löcher in die Holzstreuteile bohren. Mit einem etwas kleineren Bohrer Löcher in den Holzkugeln vorbohren. Dann die Schrauben zunächst von hinten durch die Schubladen und die Holzkleinteile schieben. Mit einem Akkubohrer die Schrauben in die Kugeln bohren.

Material

- 2 Holzkästen mit 2 Schubladen
- 4 Holzkugeln, ø 2 cm
- 4 Holzstreuteile
- 4 kleine Universalschrauben
- Acryllack
- Pinsel/Lackierrolle
- Bohrmaschine/Akkubohrer mit passenden Bohraufsätzen

Herz

Den Baumwollstoffrest in einen möglichst langen Streifen schneiden (ca. 1 cm bis 1,5 cm breit). Den Anfang des Streifens mit Klebstoff festkleben und warten, bis er fest angetrocknet ist. Dann den Stoffstreifen sehr stramm um das Herz wickeln und das Ende wieder festkleben.

Durch das kleine Holzstreuteil (Herz) einen Faden ziehen, den Faden um das Styroporherz legen und zusammenknoten. Das Chiffonband ebenfalls zusammenknoten und mit reichlich Klebstoff an die obere Kante des Herzens kleben.

Material

- Baumwollstoffrest
- Styroporherz
- Holzstreuteil
- Chiffonband
- Klebstoff
- Nähgarn
- Schere

Jungenzimmer in Pastellfarben

Grün und Blau sind die Lieblingsfarben vieler Jungen, deshalb kann man damit eigentlich nichts falsch machen! Grün wird auch als „Gute-Laune-Farbe" bezeichnet und erinnert an Wälder und Wiesen. Blau hingegen erinnert an Wasser, Meer und die unendliche Weite des Horizonts und lässt Räume sachlich, funktional und eher kühl wirken.
In diesem Zimmer wurden die beiden Farben beim Wandanstrich miteinander kombiniert, allerdings jeweils in der Pastellvariante, damit die Farbkombination nicht zu aggressiv und kalt wirkt.

Material

- Baumwollstoff
- Gardinenstange
- Näh-Grundausstattung

Tipp

Statt der Schlaufen können Sie auch Kräuselband an die obere Gardinenkante nähen. Kräuselbänder für Gardinen gibt es in den unterschiedlichsten Ausführungen. Sie unterscheiden sich nach dem Zusammenziehen der Bänder in ihrer Faltenanordnung. Bei leichteren Stoffen empfiehlt es sich, Bleiband in den Saum zu legen. Die Gardinen hängen dann exakter nach unten und werfen keine Falten.

Gardine

Zuerst erfolgt der Zuschnitt: Die Länge der Gardine stimmen Sie auf Ihre Raumhöhe bzw. auf die Höhe der angebrachten Gardinenstange ab. Für den Saum sollten Sie 15 cm und zum Verstürzen der oberen Kante noch weitere 1,5 cm hinzurechnen. Die Breite der Gardine stimmen Sie auf die Fensterbreite ab. Damit sich die Gardine locker zuziehen lässt, sollten Sie einige Zentimeter an Mehrweite einplanen. Stimmen Sie die Mehrweite aber auf die Stoffbreite ab! Je nach Fensterbreite und geplanter Mehrweite könnte es in manchen Fällen notwendig sein, dass zwei Stoffbahnen aneinander genäht werden müssen, dass heißt, dass doppelt soviel Stoff benötigt wird! Die obere Kante wird mit einem Beleg verstürzt, dabei werden die Schlaufen zwischengefasst. Dieser Beleg ist so breit wie Ihre Gardine und 8 cm hoch. Für die Schlaufen schneiden Sie sich entsprechend der Fensterbreite eine ausreichende Anzahl von 12 cm breiten und 24 cm langen Streifen zu. Der Abstand zwischen den Streifen beträgt jeweils 9 cm.

Beim Nähen gehen Sie folgendermaßen vor: Zunächst die Seiten der Gardine zweimal ca. 1 cm nach links umbügeln und feststeppen.

Die Stoffstreifen für die Schlaufen an beiden langen Seiten 1 cm nach links umbügeln. Anschließend den gesamten Streifen nochmals links auf links bügeln und dann knappkantig feststeppen (siehe Zeichnung 1). Die Schlaufen mittig aufeinander falten und innerhalb der Nahtzugabe an die obere Gardinenkante steppen, die gefaltete Kante der Schlaufe zeigt in Richtung Saum. Die erste und die letzte Schlaufe sitzen direkt an den äußeren Kanten!

Nun den Beleg an einer langen Seite nach links umbügeln und dann die nicht umgebügelte Kante rechts auf rechts an die Gardinenkante steppen; die Schlaufen liegen zwischen Gardine und Beleg und werden mitgefasst, die Nahtbreite beträgt 1,5 cm. Nach dem Nähen den Beleg nach hinten umlegen und die obere Kante bügeln. Die Nahtzugaben an den Seiten ebenfalls nach links einschlagen und den gesamten Beleg mit Nadeln feststecken. Anschließend mit der Nähmaschine knappkantig übersteppen. Die Nahtzugabe an den Außenseiten des Belegs eventuell mit einigen Handstichen festnähen.

Nun die Gardine zur „Anprobe" an die Gardinenstange hängen und die Länge nochmals kontrollieren. Dann den Saum zunächst 1 cm, anschließend nochmals 14 cm nach innen umbügeln und mit Nadeln feststecken. Die Kante festnähen.

Schildchen

Alle Eltern fürchten das große Chaos im Kinderzimmer! Überall liegen Spielsachen herum und keiner weiß so recht, wohin mit den einzelnen Teilen. Besucherkinder, die zum Aufräumen „verdammt" werden, bringen das System dann endgültig zum Zusammenbrechen. Durch kleine Schildchen lassen sich solche Zustände in den Griff bekommen — vorausgesetzt, die Kinder können lesen und sind willig!

Dazu in die obere Kante des Sperrholzkreises ein kleines Loch bohren. Anschließend den Kreis lackieren und trocknen lassen. Dann die Buchstaben aufkleben, das Chiffonband einfädeln und die Schildchen mit kleinen Schleifen an die Spielzeugkisten binden. In manchen Fällen wird es nötig sein, auch in die Kisten kleine Löcher zu bohren!

Stoffsäckchen an der Stange

Hier finden das Lieblingsbuch, das heißgeliebte Kuscheltier oder auch anderer Kleinkram ihren Platz. Die Säckchen werden jeweils mit vier Bindebändern an die Stange geknotet. Wer mag, kann das Rundholz farbig lackieren.

Für die Säckchen an allen Schnittteilen beide kurzen Kanten jeweils 5 cm nach links umbügeln und feststeppen. Dann die Beutel rechts auf rechts falten und die Seitennähte steppen. Den Beutel anschließend wenden und die Ecken mit einer Schere vorsichtig herausdrücken. So viele Säckchen nähen, wie jeweils in der entsprechenden Größe gewünscht sind.

An den Bindebändern die langen Seiten jeweils 1 cm nach links umbügeln, anschließend auch eine kurze Seite nach innen einschlagen (siehe Zeichnung 2). Dann den gesamten Stoffstreifen knappkantig (1 mm bis 2 mm breit) absteppen. Jeweils zwei Bänder übereinander legen, ca. 1 cm tief in die Taschenecken schieben und von oben festnähen.

Drei exakt positionierte Löcher in einen runden Stab zu bohren gestaltet sich für die meisten Hobby-Handwerker wahrscheinlich äußerst schwierig. Gehen Sie bei der Montage der Stange folgendermaßen vor: Mit einem kleinen Holzbohrer zunächst ein Bohrloch in das Rundholz bohren, dabei den Durchmesser auf die Schraube abstimmen! Dann das Rundholz an die Wand halten und das erste Loch an der Wand markieren. Dieses Loch in die Wand bohren, einen passenden Dübel einschlagen und die Stange mit einer Schraube befestigen. Dann mit einer Wasserwaage den Holzstab ausrichten (hier ist Hilfe nötig!) und mit der Bohrmaschine und einem kleinen Holzbohrer die beiden anderen Löcher vorbohren. Dabei ganz leicht die Wand berühren, sodass dort eine kleine Markierung entsteht. An diesen beiden Punkten nun die Löcher einbohren, die Dübel anbringen und mit den Schrauben das Rundholz befestigen.

Zum Schluss die Säckchen an die Stange binden.

Material

- Baumwollstoff:
  - großes Säckchen (30 cm x 33 cm), 74 cm x 32 cm
  - mittleres Säckchen (21 cm x 25 cm), 58 cm x 23 cm
  - kleines Säckchen (19 cm x 16 cm), 40 cm x 22 cm
  - pro Säckchen 4 Bindebänder, 37 cm x 6 cm
- Rundholzstab, ø ca. 3 cm, 2 m lang
- 3 lange Universalschrauben mit passenden Dübeln
- Wasserwaage
- Näh-Grundausstattung
- Bohrmaschine mit passenden Bohraufsätzen

Material

- Baumwollstoffe:
  - Streifen, 16 cm x Korbumfang plus 7 cm
- Rattankorb
- Klettband
- Näh-Grundausstattung
- evtl. Heißklebepistole

Körbe mit Dekoband

Einfache Rattankörbe bekommen durch die kleine Stoffumrandung ihre ganz individuelle Note. Hier können Stoffreste bestens verwertet werden.

Die Stoffstreifen an allen vier Seiten 1 cm nach links umbügeln. Anschließend den Streifen nochmals zur Mitte falten. Dann die Kanten knappkantig aufeinander steppen.

Zum Schluss das Klettband anbringen (entweder annähen oder aufkleben) und die fertigen Streifen stramm um die Körbe legen.

Tipp

Die Stoffstreifen müssen nicht unbedingt genäht werden, wer lieber mit der Heißklebepistole arbeitet, verzichtet hier auf die Nähmaschine.

Pinnwand

Den Baumwollstoff im exakten Streifenverlauf an die Rückwand des Keilrahmens tackern, dabei unbedingt darauf achten, dass das Stoffmuster gerade verläuft!

Die Aufhänger anbringen und die Pinnwand an die Wand montieren.

Material

- Baumwollstoff, 48 cm x 58 cm
- Keilrahmen, 40 cm x 50 cm
- Tacker
- mind. 2 Aufhänger

Geschmackssache

Witzige Dosen

Unterhalb der Pinnwand wurde eine Magnetleiste angebracht. An dieser Leiste hängen kleine Metalldosen und rechteckige Gefäße, die ein wenig „aufgepeppt" wurden. Auf die Metalldosen wurden Heuschrecken aus Gummi oder Plastik geklebt, die es beispielsweise in Bastelgeschäften zu kaufen gibt. Die Dosen für die Schreibutensilien wurden „durchnummeriert". Dazu dienten Holzziffern, an deren Unterseite ebenfalls kleine Magnete geklebt wurden.

Drachen

Aus Stoffresten eine tolle, individuelle Deko für das Kinderzimmer schaffen? Nichts leichter als das! Diese Drachen kann man nähen oder man greift – wenn man lieber bastelt – zur Heißklebpistole (siehe Tipp).

Die Drachen-Vorlage (siehe Zeichnung 23) kopieren, ausschneiden und mit 1 cm Nahtzugabe ringsum zweimal aus Stoff zuschneiden. Dann ein Stoffteil mit Vlieseline bekleben. Anschließend die beiden Drachenhälften rechts auf rechts aufeinander steppen, dabei an einer Seite eine ausreichend große Öffnung zum Wenden offen lassen. Ebenfalls an der oberen Kante die Spitze offen lassen, diese wird später nach innen geschoben und das Band zum Aufhängen hineingeschoben! Nach dem Nähen die Ecken schräg abschneiden, den Drachen wenden, die Ecken mit einer Schere herausdrücken und alle Kanten bügeln. Die Öffnung mit einigen Handstichen zunähen.

Dann das breite Chiffonband zu Ohren formen, mit Nadel und Faden fixieren und mit einigen Stichen festnähen. Die beiden Bänder für den Schwanz annähen und die kleinen Schleifen daran festbinden. Die Nahtzugabe an der oberen Kante/Spitze (Öffnung) nach innen drücken, das zur Hälfte gefaltete Chiffonband für die Aufhängung in diese Öffnung schieben und mit der Maschine feststeppen.

Zum Schluss die Wackelaugen, die Filzgleiternase und den aus einem Filzgleiter zugeschnittenen Mund mit Sekundenkleber aufkleben. Die einzelnen Drachen über ein langes Band ziehen und aufhängen.

Tipp

Bastelfans können den Drachen auch basteln statt ihn zu nähen. Hier können Sie beispielsweise Pappe zum Verstärken des Stoffs nehmen und die umgebügelten Kanten mit Klebestoff oder einer Heißklebepistole aufeinander kleben.

Material

- Baumwollstoff, ca. 32 cm x 24 cm
- feste Vlieseline, ca. 32 cm x 24 cm
- Chiffonband, 1 cm breit:
  - Aufhänger, 15 cm lang
  - 2x für den Schwanz, 40 cm lang
  - 3x für die Schleifen, 30 cm lang
- Chiffonband, 3 cm breit:
  - 2x für die Ohren, 60 cm lang
- 2 große Wackelaugen
- Filzgleiter (für Nase und Mund)
- Sekundenkleber
- Näh-Grundausstattung

Sitzkissen für den Schreibtischstuhl

Material

- Baumwollstoff
- Schaumstoffplatte, 2 cm stark
- Papier
- Näh-Grundausstattung

Ein Sitzkissen ist schnell genäht und bietet dann auch viel Komfort an der „richtigen Stelle"! Ihr Kind wird es Ihnen danken.

Mithilfe eines ausreichend großen Papierstücks die Sitzfläche des Bürostuhls „abpausen" oder ausmessen. Die Schablone ausschneiden und zunächst die Schaumstoffplatte zuschneiden. Diese nun wiederum als Schnittmuster für den Stoffzuschnitt benutzen. An den Stoff ringsum 2 cm Nahtzugabe anschneiden (beinhaltet 1 cm Zugabe für die Höhe des Sitzpolsters). Für die beiden Bindebänder werden zwei Stoffstreifen benötigt: Die Länge am Stuhl ausmessen, die Breite beträgt 8 cm.

Die Stoffstreifen für die Bindebänder an den beiden langen und an einer kurzen Seite jeweils 1 cm nach links umbügeln. Dann das Band nochmals zu Hälfte falten und ringsum knappkantig feststeppen (siehe Zeichnung 2).

Die beiden Schnittteile für die Sitzkissen rechts auf rechts aufeinander legen, die beiden Bindebänder liegen dazwischen, und zwar im Inneren des Kissens. Die Teile aufeinander steppen, dabei an der hinteren Kante eine ausreichend große Öffnung zum Wenden und Einschieben der Schaumstoffplatte lassen. Die Nahtzugabe in den Rundungen eventuell einschneiden und die Ecken schräg abschneiden. Das Sitzkissen wenden, die Kanten bügeln und den Schaumstoff einlegen. Die Öffnung nun mit einigen Handstichen oder knappkantig mit der Maschine feststeppen.

Tipp

Diese Rollcontainer dienen nicht nur als fahrbare Sitzgelegenheit, sie bieten auch enorm viel Stauraum für Eisenbahnen, Carrerabahnen und viele, viele Legosteine. Die fahrbaren Container mit eingelassener Sitzplatte (also dem Deckel) wurden von einem Tischler angefertigt – so stimmt die Sitzhöhe und sie sind besonders robust. Die Sitzkissen sorgen dafür, dass das Ganze richtig bequem wird! Die Rollcontainer hier im Bild haben eine Höhe von 35 cm, die Sitzfläche ist 45 cm x 45 cm groß. Die Sitzkissen werden mit Klettbändern am Deckel fixiert.

Die exakte Größe der Sitzfläche ausmessen und den Stoff für die Vorderseite mit zusätzlich 2 cm Nahtzugabe zuschneiden (beinhaltet 1 cm Zugabe für die Höhe der Schaumstoffplatte). Für die Rückseite werden zwei Schnittteile benötigt, hier wird ein Reißverschluss eingearbeitet. Bei diesen beiden Teilen ringsum 2 cm Nahtzugabe zugeben, am Reißverschluss reicht 1 cm Nahtzugabe. Auch die Schaumstoffplatte in der richtigen Größe zuschneiden.

Dann geht's ans Nähen: Zunächst die beiden Schnittteile für die Rückseite rechts auf rechts aufeinander legen und entlang der Reißverschlussnaht ca. 5 cm breit an beiden Enden zunähen. Die Nahtzugaben auseinander bügeln und die Nahtzugabe im Reißverschlussbereich umbügeln. Dann den Reißverschluss einnähen (siehe Zeichnung 5).

Nun die Rückseite rechts auf rechts auf die Vorderseite legen, die Kanten aufeinander steppen, die Ecken schräg abschneiden, den Bezug wenden und die Kanten bügeln. Die Schaumstoffplatte einlegen und den Reißverschluss schließen. Das Sitzpolster ggf. durch selbstklebende Klettverschlüsse am Container fixieren.

Varianten-

Hier finden Sie zusätzlich noch weitere Anregungen zu den in den einzelnen Kapiteln bereits aufgeführten Modellen. Es handelt sich dabei eine Zusammenstellung von Kissenvariationen, Dekomöglichkeiten rund um den

Vielfalt

Lampenschirm und Anregungen für die Gestaltung eines Rollos. Wer sich zum Beispiel in einer bestimmten Farbwelt zuhause fühlt, aber Näh-Anfänger ist und sich das Nähen eines komplizierten Kissens noch nicht zutraut, der findet hier bestimmt eine einfachere Variante, die ebenso schön aussieht. Viel Spaß beim Probieren und Experimentieren.

Kissenvarianten

Hier finden Sie eine Reihe von unterschiedlichen Kissenformen. Sie unterscheiden sich nicht nur durch die verwendeten Stoffe voneinander, sondern auch durch die Säume, Formen oder Verschlüsse. Allein hier gibt es zum Beispiel Knopfleisten, Reißverschlüsse, Kissen mit Bindebändern oder mit Posamentenverschlüssen.

Sie haben noch nicht viel Näherfahrung sammeln können, würden sich aber gern an ein bestimmtes Modell heranwagen? Seien Sie kreativ. Überlegen Sie beispielsweise, ob Sie nicht einige Arbeitsschritte vereinfachen könnten! Nehmen Sie zum Beispiel fertige Bänder für die Bindebänder an einem Kissen, welches mit Schleifen geschlossen wird. Hier finden Sie in den Kurzwarenabteilungen der Kaufhäuser, aber auch in Stoffgeschäften eine riesige Auswahl.

Ihnen fehlt die Erfahrung beim Nähen von Knopflöchern? Kein Problem! Wie wäre es stattdessen mit einem Klettverschluss. Auf die Nähte könnten Sie anschließend noch kleine Applikationen aufnähen.

Auch bei den Formen können Sie natürlich variieren, arbeiten Sie ruhig auch mal ein Modell in Blumen- oder Dreiecksform!

Versuchen Sie einfach, die vorgegebenen Modelle als „Grundbausteine" für die Umsetzung Ihres individuellen Projektes anzusehen, welches Sie mit Ihren kreativen Ideen verschönern. So wird jedes Modell zu einem Einzelstück, an dem Sie viel Freude haben werden.

Dieses Kissen wird mit Bändern geschlossen. Wer sich Arbeit sparen möchte, greift auf fertige Bänder zurück.

Der Kissenüberzug für das Kopfkissen lässt sich wenden – je nach Lust und Laune. Geschlossen wird er mit Knopfleisten. Das Deko-Kissen mit Rosette würde sich auch im Wohnzimmer gut machen.

Sie bekommen keinen passenden Musterstoff? Kein Problem, Muster lassen sich nämlich auch aufsticken oder aus Zackenlitze aufnähen! Eine schnelle Möglichkeit, dieses Kissen mit Stehsaum passend zum restlichen Raum aufzupeppen.

Eine interessante Struktur bekommt der Stoff, wenn Sie ihn smoken.

Einfarbige Kissen werden durch farbiges Stickgarn und einem evtl. selbst entworfenen Muster schnell zu einem „Hingucker" auf dem Sofa.

Lampenvarianten

Einen einfachen Lampen-
schirm neu zu beziehen und
ihn somit Ihrem Wohnambi-
ente anzupassen, ist leicht
und schnell gemacht. Spielen Sie hier mit den Ihnen
zur Verfügung stehenden
Materialien. Setzen Sie zum
Beispiel kleine Streuteile,
Papierblümchen, Perlen,
Bänder oder Litzen ein. Verwenden Sie Flüssigkleber
oder eine Heißklebepistole,
um die „schmückenden"
Kleinteile aufzubringen.
Bänder, Litzen oder Perlen-
schnüre können auch locker
um den Lampenschirm ge-
bunden werden, das macht
noch weniger Arbeit und
eine tolle Wirkung lässt
nicht lange auf sich warten.
Wollen Sie einen Lampen-
schirm mit einem neuen Stoff
beziehen, sollten Sie sich
einen weißen oder einen
beigen Schirm besorgen.
Rollen Sie den Lampen-
schirm entweder direkt auf
dem Stoff ab, oder fertigen
Sie sich zur Sicherheit einen
Papierschnitt an. Denken
Sie an Nahtzugaben, die
Sie nach innen einschlagen
und festkleben können. Zum
Aufkleben des Stoffes verwenden Sie Sprühkleber und
Flüssigkleber für die Kanten.

Übrigens: Nicht nur Steh-
Lampen können auf diese Art
und Weise aufgepeppt wer-
den, sondern selbstverständ-
lich auch Deckenlampen mit
Lampenschirm.

Der besondere Clou hier ist die Bommellitze. Das wirkt zusammen mit dem Tupfenstoff sehr originell.

Die aufgeklebten Bänder versehen die Lampe mit einem raffinierten Musterspiel – und das ohne viel Aufwand!

Hübsche Stoffbänder gibt es in Hülle und Fülle bei den Kurzwaren – warum damit nicht auch mal eine Lampe verzieren?

Hier wird der Lampenschirm mithilfe von Aslan selbst gefaltet. Eine Arbeit, die sich lohnt!

Romantisch wird die kleine Lampe dank dem selbst genähten Rüschenband.

Eine ganz andere Art und Weise, eine gekaufte Lampe aufzupeppen: Hier flattern nun mit Stoff überzogene Papp-Schmetterlinge auf der Lampe. Witzig sehen auch Herzen, Blumen oder Tiere, die mit unterschiedlichen Stoffen beklebt werden, aus.

Rollo- und Gardinenvarianten

Ein schönes Rollo oder eine schöne Gardine sollten Sie als Visitenkarte Ihres Hauses oder Ihrer Wohnung ansehen. Dabei sollten Sie nicht nur die Wirkung der Fensterkleider innerhalb des Raumes, sondern auch die Wirkung nach außen hin bedenken. Überlegen Sie, ob der ausgewählte Stoff zum einem mit den Möbeln oder der Wandfarbe in Ihrem Zimmer harmoniert, aber auch, ob der Stoff von außen aus gesehen seine Wirkung nicht verfehlt.

Bei der Auswahl des Stoffes sollten Sie sich generell einige Fragen stellen: Ist die Stoffqualität richtig gewählt? Passt das Stoffdesign zu meinem Einrichtungsstil und zu meiner Wandgestaltung? Wähle ich einen Stoff aus, der sich innerhalb des Zimmers widerspiegelt, oder setze ich auf Kontrastfarben? Fragen, die wahrscheinlich individuell zu beantworten sind. Folgende Informationen können Ihnen bei der Beantwortung dieser Fragen helfen:

Viele Stoffe eignen sich trotz ihres schönen Musters nicht für ein Rollo oder eine Gardine. Sie sollten sich für eine schwerere Qualität entscheiden. Dünne Baumwollstoffe fallen in sich zusammen und bringen keine „Standfestigkeit" mit. Häufig sind Stoffe nur einseitig bedruckt, die Rückseite ist weiß, gelegentlich scheint das Muster ansatzweise auf die linke Stoffseite durch. Das könnte bei der Außenansicht des Rollos oder der Gardine unschön aussehen. Halten Sie Ausschau nach beidseitig bedruckten Stoffen oder füttern Sie die Rückseite mit einem einfarbigen Stoff ab. Sie können natürlich auch einen einfarbigen Stoff verwenden, der durch eine entsprechende Bogenkante oder durch das Aufnähen von Litzen, Borten und Bändern seine Wirkung nicht verfehlen wird.

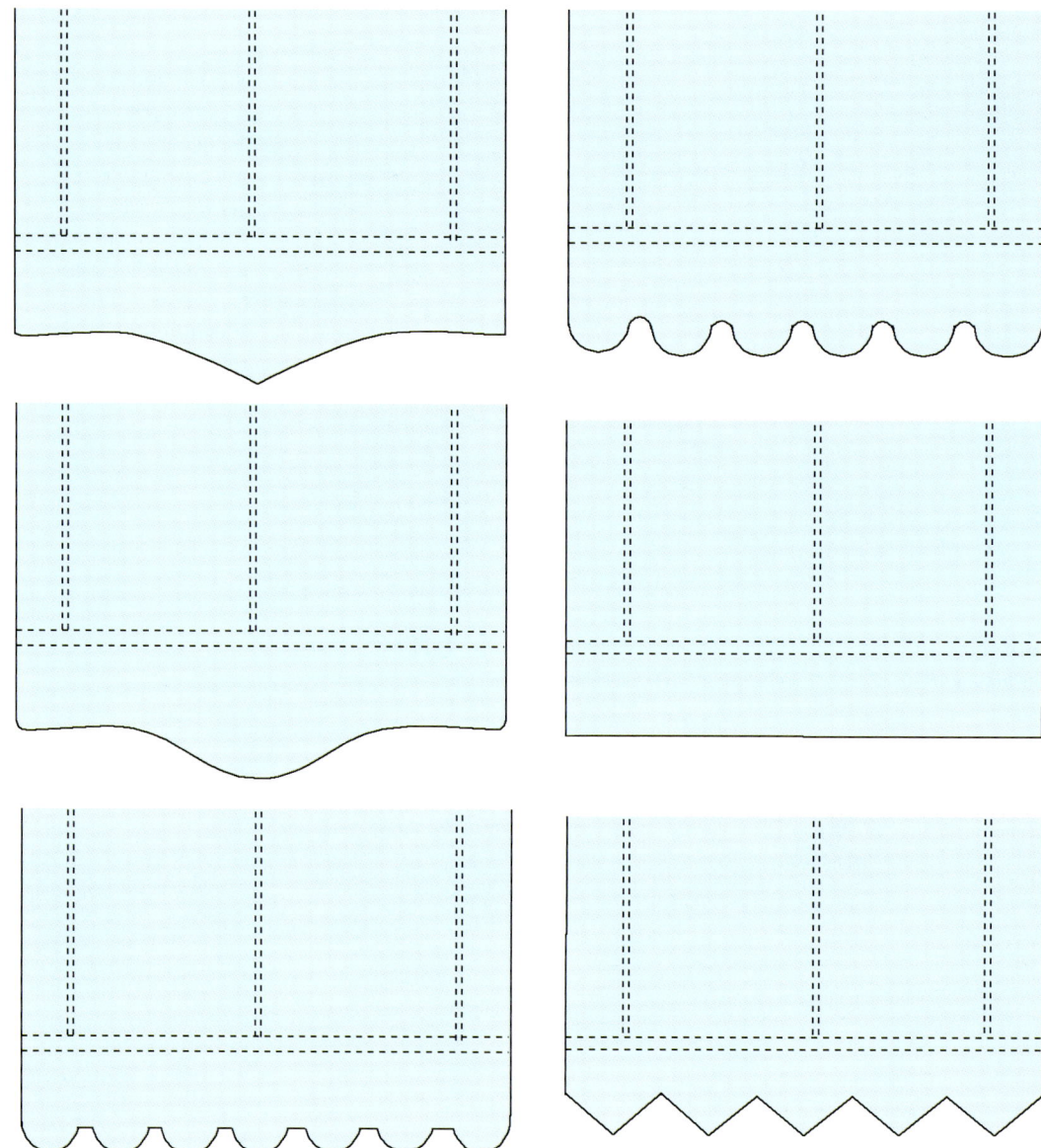

Gardinen unterscheiden sich vor allen Dingen durch ihre Aufhängung voneinander – mittels Schlaufen an einer Gardinenstange oder durch eine Gardinenschiene.

Rollos sind eher für schmalere Fenster geeignet. Bei einem breiteren Fenster empfiehlt sich entweder eine Gardine oder Sie arbeiten mehrere Rollos, die nebeneinander befestigt werden. So lässt sich raffiniert mit dem Lichteinfall spielen, indem die Rollos teilweise mehr, teilweise weniger aufgezogen werden. Beim Rollo selbst haben Sie vor allen Dingen die Möglichkeit, bei der Bogenkante unten zu variieren. Arbeiten Sie diese mithilfe eines Rollo-Rohlings oder von Grund auf selbst.

Hier wurden kleine, ca. 1 cm breite Bänder genäht, mit denen die Gardine aufgehängt wurde. Wer sich diese Arbeit ersparen möchte, kann beispielsweise auch ein fertiges Band zur Aufhängung der Gardinen kaufen.

Aus kleinen Stoffstreifen lassen sich schnell Schlaufen für Ihre Gardinen nähen. Wer mag, entscheidet sich wahlweise für Kräuselband.

Die Bogenkante lässt sich ganz nach Wunsch unterschiedlich gestalten.

Schlichtes Streifendesign und unten eine gerade Kante – das passt gut zusammen.

Allgemeine Anleitung

Zum Arbeiten mit diesem Buch

Im vorliegenden Buch finden Sie eine Fülle von Modellen, die Sie nacharbeiten können. Hier will ich Ihnen kurz erklären, wie Sie mit diesem Buch arbeiten.

Materialauflistung

Zu jedem Modell gibt es eine Materialauflistung. Hier finden Sie alle Informationen bezüglich der benötigten Materialien und Arbeitsmittel. Bei manchen Modellen, wie zum Beispiel bei Sitzkissen von Stühlen, Kissen oder Ähnlichem, werden Sie keine Bemaßungen finden. Hier müssen Sie den Stoffzuschnitt individuell auf Ihre Gegebenheiten abstimmen. Die Auflistung ist sehr detailliert, in manchen Fällen können Sie auch improvisieren und gewisse Materialien, wie zum Beispiel spezielle Klebstoffe, durch „Ersatzmaterialien" ersetzen. Alle genauen Maßangaben für Stoffe enthalten bereits 1 cm Nahtzugabe. Das heißt, dass alle Stoffe mit einer Nahtbreite von 1 cm zusammengenäht werden.

Anleitungen

In den Anleitungen wird Schritt für Schritt erklärt, wie Sie vorgehen sollten. Es ist sinnvoll, alle Arbeitsschritte in der vorgeschlagenen Reihenfolge „abzuarbeiten", denn nur so können Fehler vermieden werden. Bei der Verarbeitung von Stoffen sollten in den meisten Fällen alle Kanten, die später sichtbar sind, mit einem Zickzackstich umstochen werden.

Das verhindert ein Ausfransen der Stoffe. Lediglich beim Bekleben von Kartons oder Bilderrahmen kann auf das Versäubern der Stoffe verzichtet werden.

Das ABC des Selbermachens

Das ABC finden Sie am Ende des Buches. Hier ist eine Fülle von Begriffen erklärt, die Ihnen eventuell unklare Bezeichnungen oder Begriffe verdeutlichen.

Verarbeitungszeichnungen & Schnittmuster

Im Anhang finden Sie Verarbeitungszeichnungen, die bestimmte Arbeitsgänge verdeutlichen. In vielen Fällen (zum Beispiel bei der Herstellung von Bändern) können Sie zwischen verschiedenen Verarbeitungsvarianten entscheiden. Im Anleitungstext wird auf die jeweilige Zeichnung verwiesen.

Die Schnittmuster können abkopiert oder abgepaust werden. Anschließend schneiden Sie diese mit einer Schere aus und verwenden sie dann als Schnittmuster. Denken Sie hier beim Anzeichnen an 1 cm Nahtzugabe. Die Größe der Schnittmuster kann in vielen Fällen auch modifiziert werden.

Nähen

Da es sich in diesem Buch hauptsächlich um genähte Projekte handelt, hier noch einige Tipps zur Verarbeitung von Stoffen und zum benötigten Handwerkszeug.

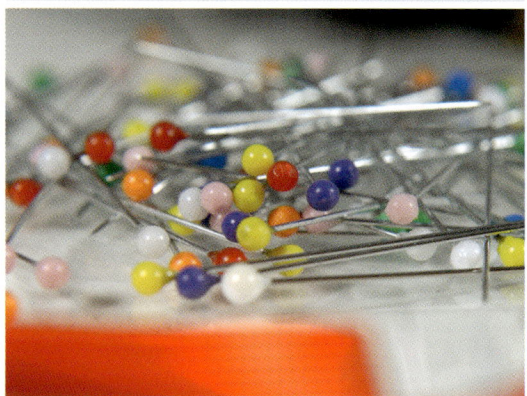

Näh-Grundausstattung

In den Materialauflistungen werden Sie immer wieder auf den Begriff „Näh-Grundausstattung" stoßen. Damit sind die folgenden Dinge gemeint:

- Nähmaschine
- Bügeleisen
- verschiedene Scheren
- Nähnadeln
- Stecknadeln
- farblich passendes Nähgarn
- Bleistift, Schneiderkreide oder spezielle Filzstifte für Stoffe
- Maßband, großes Geodreieck oder Lineal
- ggf. Papier (für Schnitte)
- Bügeltuch bzw. Trockentuch (z. B. zum Aufbügeln von Vlieseline)

Zum Nähen brauchen Sie natürlich eine Nähmaschine. In den meisten Fällen sind alle Maschinen mit einem Zickzackstich, einer Taste zum Rückwärtsnähen und einem Knopflochstich ausgestattet. Informieren Sie sich am besten im beiliegenden Handbuch über die Funktionsweise und Handhabung Ihrer Nähmaschine. Empfehlenswert ist eine Maschine, an der ein Führungslineal fixiert werden kann.

Zum Zuschneiden der einzelnen Stoffteile benötigen Sie eine große, scharfe Schere. Mit dieser Schere sollten Sie ausschließlich Stoffe zuschneiden. Papierzuschnitte sollten mit einer anderen Schere gemacht werden. Um Fäden abzuschneiden, Nahtzugaben zurückzuschneiden oder Rundungen einzuschneiden sollten Sie sich eine kleine, spitze Schere kaufen. Sie sollte an der Spitze sehr scharf sein.

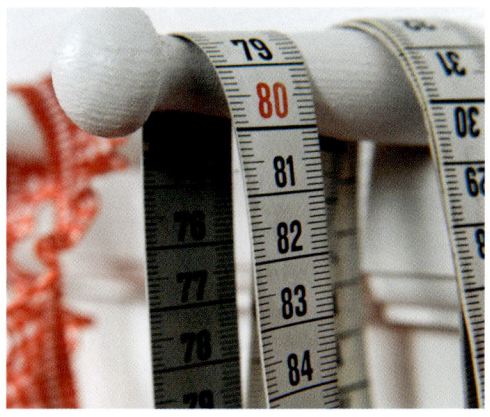

Zum Abmessen längerer Strecken benötigen Sie ein Maßband. Es ist flexibel, das heißt es lassen sich damit auch Rundungen ausmessen. Auch ein großes Geodreieck oder Lineal ist für viele Arbeiten rund ums Nähen unverzichtbar. Das Anzeichnen von Nahtzugaben erfolgt mit dessen Hilfe genauso einfach wie das Anzeichnen von breiteren Stepplinien für Säume.

Mit Schneiderkreide können Sie auf der linken Stoffseite Linien anzeichnen, die spätestens bei der ersten Wäsche nicht mehr zu sehen sein werden. In Ausnahmefällen ist auch ein Anzeichnen auf der rechten Stoffseite erlaubt. Nach dem Nähen sollte die Linie vorsichtig ausgebürstet oder mit einem feuchten Tuch ausgerieben werden. In den Kurzwarenabteilungen der Stoffgeschäfte gibt es „Filzstifte", mit denen man auf Stoff zeichnen kann. Die Linien verschwinden nach einer gewissen Zeit. In Einzelfällen kann auch ein Bleistift verwendet werden.

Zuschnitt

In den meisten Fällen werden einfache rechteckige, quadratische oder runde Schnittteile benötigt. Hier können die Linien mit einem Lineal, Geodreieck oder Maßband und Schneiderkreide auf die linke Stoffseite gezeichnet werden. Kleinere Schnittmuster stecken Sie mit Nadeln auf dem Stoff fest. Anschließend zeichnen Sie durch Anlegen des Geodreicks die Nahtzugaben an. In Ausnahmefällen können Linien auch mit einem hauchdünnen Bleistiftstrich angezeichnet werden.

Wenn Sie in den Materialangaben exakte Bemaßungen finden, so sind hier bereits alle Naht- und Saumzugaben enthalten.

Die Nahtzugabe beträgt immer 1 cm, die Breite der Säume ist individuell auf das Modell abgestimmt.

Denken Sie beim Zuschnitt aller Stoffe an den Fadenlauf. Alle Stoffe sollten in der Regel in eine Richtung verlaufen, es sei denn, bestimmte Modelle zeichnen sich durch einen unterschiedlichen Muster- oder Streifenverlauf aus.

Applikationen

Bei der Herstellung von Applikationen gehen Sie wie folgt vor: Zunächst auf die linke Stoffseite eines grob zugeschnittenen Stoffstücks Vliesofix® aufbügeln. Vliesofix® ist eine Klebeschicht, die auf ein Trägerpapier aufgetragen wurde. Auf die Papierseite legen Sie dann Ihr Schnittmuster, übertragen die Konturen mit Bleistift und schneiden dann die Applikation exakt aus. Ziehen Sie das Trägerpapier ab und bügeln Sie die Applikation auf den Hintergrundstoff. Nun kann diese mit einem kleinen und dicht eingestellten Zickzackstich übernäht werden.

Arbeitsschritte

Zwei Schnittteile zusammennähen

Um zwei Schnittteile zusammenzunähen, legt man die beiden Teile rechts auf rechts aufeinander und steppt sie im Abstand von 1 cm zur Schnittkante fest. Damit die beiden Teile nicht verrutschen, werden sie mit Stecknadeln seitlich aufeinander festgesteckt. Die Nadeln können beim Nähen problemlos „übernäht" und nach dem Steppen wieder entfernt werden. Falls Sie in den Anleitungen keine anderen Angaben finden, sind für alle Nähte Nahtzugaben von 1 cm eingeplant.

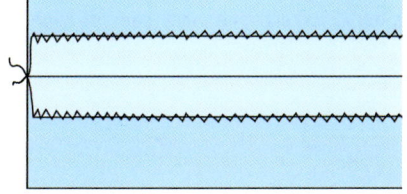

Nach dem Nähen müssen alle Nähte entweder auseinander oder zusammen zu einer Seite gebügelt werden. In der Regel werden Stoffe auseinander gebügelt, Nähte die abgesteppt werden sollen, bügelt man zu einer Seite. Dieses gelingt besonders gut mit einem Dampfbügeleisen.

Rundungen und Ecken beschneiden

Verstürzt man zwei Teile miteinander, dann sollten alle Rundungen und Ecken beschnitten werden. Die Nahtzugaben sollten nach Möglichkeit stufig zurückgeschnitten werden. Dadurch werden die Nähte nach dem Wenden flacher und drücken sich nicht auf die rechte Stoffseite durch.

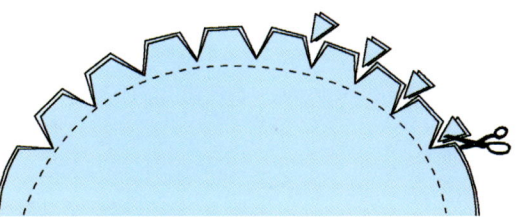

Rundungen müssen immer bis zur Nahtlinie eingeschnitten werden. Nur so legt sich der Stoff nach dem Wenden und Bügeln flach und wirft keine Falten auf die rechte Stoffseite.

In manchen Fällen reicht ein einfaches Einschneiden der Nahtzugaben aus, bei sehr kleinen Rundungen ist das Ausschneiden von kleinen Dreiecken sinnvoll.

Auch Ecken sollten nach dem Nähen beschnitten werden. Hierzu die Stoffkanten schräg abschneiden und die Nahtzugabe im weiteren Verlauf ebenfalls schräg zurückschneiden. Verzichtet man auf das Zurückschneiden, befindet sich nach dem Wenden zu viel Stoff in den Ecken und die Kanten sehen dick und wulstig aus.

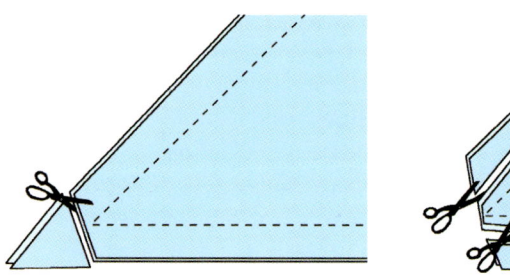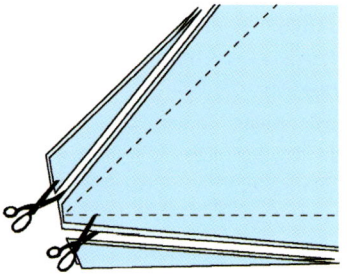

Wenden

Nach dem Wenden des Schnittteils müssen alle Ecken mit einer Schere herausgedrückt werden. Dazu mit der geschlossenen Schere in die Ecken gehen und die Naht herausdrücken, bis eine exakte Ecke geformt ist. Lässt sich keine schöne Ecke erzielen, das Teil nochmals nach links wenden und die Nahtzugaben weiter zurückschneiden.

Saum doppelt einschlagen

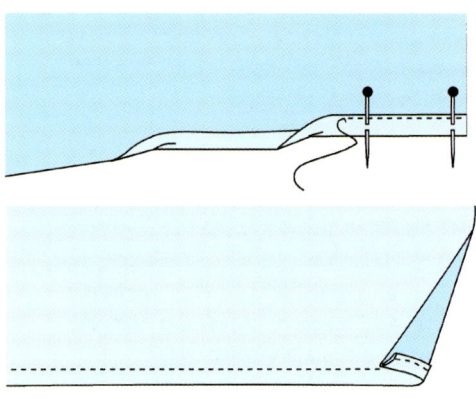

Die meisten Säume werden zweimal ca. 7 mm bis 1 cm breit eingeschlagen und anschließend festgesteppt. Eine sinnvolle Hilfestellung bietet hier das Vorbügeln. Dazu den Saum zunächst 7 mm nach links umbügeln, anschließend diesen Betrag nochmals nach links umbügeln und dann mit der Maschine feststeppen.

Einkräuseln

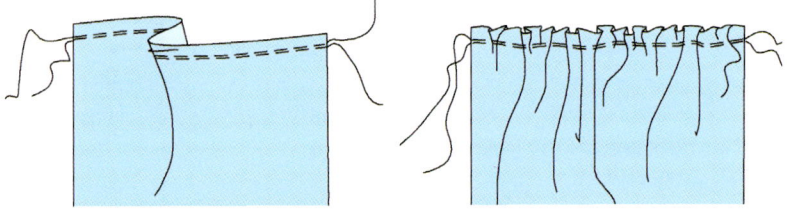

Stoffteile lassen sich mit der Hand oder auch mit der Maschine einkräuseln.

Beim Einkräuseln mit der Hand wird ein doppelt gelegter Faden an die einzukräuselnde Stoffkante genäht. Dazu den Faden am Anfang der Naht gut festnähen. Dann den Faden anziehen, bis die Strecke auf die gewünschte Länge eingekräuselt wurde. Das Ende gut vernähen und die Kräusel gleichmäßig verteilen.

Beim Einkräuseln mit der Maschine gehen Sie wie folgt vor: Zunächst die Oberfadenspannung an Ihrer Maschine lockern (Handbuch). Dann innerhalb der Nahtzugabe mit einem groß eingestellten Stich zwei parallele Nähte steppen. Nahtanfang und Nahtende werden nicht verriegelt. Dann nur an den Unterfäden ziehen, bis die gewünschte Länge erreicht wurde. Die Fäden miteinander verknoten und die Kräusel gleichmäßig verteilen.

Knopflöcher arbeiten

Im Handbuch Ihrer Nähmaschine ist ausführlich erklärt, wie man Knopflöcher näht. Sie sollten auf alle Fälle einige Knopflöcher zur Probe nähen und diese auf Ihre Knopfgröße abstimmen. Die Knopflöcher sehr sorgfältig mit einer kleinen Schere aufschneiden und den Knopf durch diese Öffnung schieben. Das Knopfloch sollte auf keinen Fall zu groß sein.

Reißverschlüsse einnähen

Reißverschlüsse lassen sich auf verschiedene Arten und Weisen einnähen. Dies habe ich Schritt für Schritt bei den Verarbeitungszeichnungen (siehe Seite 147) erklärt.

Litze und Tresse aufnähen

Bänder, Litzen oder Tresse kann man mit kleinen Stichen von Hand aufnähen, Sie können diese jedoch auch mit der Maschine aufsteppen. Hierzu die Bänder zunächst mit Nadeln locker feststecken und dann mittig mit der Maschine festnähen. Die Bänder nie zu stramm ziehen, das würde den Stoff kräuseln.

Das ABC des Selbermachens

Hinweis

Ganz genaue Materialangaben haben wir nur dort gemacht, wo diese für den Erfolg Ihrer kreativen Arbeit ausschlaggebend sind. Ansonsten passen Sie die Materialien bitte an Ihren individuellen Bedarf an.

A

Absteppen

Säume werden in der Regel nach links umgebügelt und dann meistens etwas breiter (2 cm bis 4 cm) abgesteppt. Sie lassen sich einfacher durch Zuhilfenahme eines Führungslineals absteppen (Zubehör Ihrer Nähmaschine). Alle anderen Kanten werden eher 7 mm bis 1 cm breit abgesteppt. Das Absteppen kann einerseits einen dekorativen Charakter haben, aber mit dem Absteppen können auch einzelne Stofflagen fixiert werden. Dieses ist bei wattierten Teilen, Steppdecken und Topflappen der Fall. Das Absteppen ist bei wattierten Teilen sinnvoll, da sich sonst beim Waschen das Volumenvlies verschieben oder im schlimmsten Fall komplett lösen könnte.

Acrylfarbe und Acryllack

Bei Acrylfarben handelt es sich um Farben, die in der Regel wasserverdünnbar sind. Es gibt sie sowohl für künstlerische wie auch eher für größere Kreativprojekte geeignet zu kaufen. Stellenweise werden sie auch Bastelfarbe genannt. Auch Acryllack ist in der Regel wasserverdünnbar. Gegenüber von Nitrolacken besteht sein Vorteil darin, dass beim Arbeiten keine gesundheitlich bedenklichen Dämpfe entstehen. Sollten Sie Gegenstände fürs Kinderzimmer streichen, so achten Sie bitte unbedingt darauf, speichelechte Lacke zu verwenden!

Akkuschrauber

Bei einem Akkuschrauber handelt es sich um eine Art Handbohrmaschine, welche aber mit einem Akku, nicht mit einem Stromkabel betrieben wird. Meist lassen sich nur Bohrer mit einem geringeren Durchmesser einsetzen als bei Bohrmaschinen, außerdem fehlt ihnen die notwendige Kraft für Bohrungen durch Wände. Für viele Holzarbeiten ist der Akkuschrauber aber hervorragend geeignet.

Anschneiden

Beim Zuschneiden von Schnittteilen muss in den meisten Fällen die Nahtzugabe (1 cm bis 1,5 cm) „angeschnitten" werden. Die Nahtzugabe wird mit einem Lineal oder einem Geodreieck angezeichnet. Erst danach schneiden Sie das Schnittteil mit der Schere aus.

B

Baumwollstoff

Baumwollstoffe sind sehr vielseitige Stoffe, die es in den verschiedensten Stärken, Farben und Strukturen im Handel zu kaufen gibt. Sie sind in der Regel waschbar, sehr strapazierfähig und nahezu für alle Bereiche, in denen Stoffe benötigt werden, einsetzbar. Als Nachteil der Baumwolle ist das Schrumpfverhalten zu nennen, d. h. dass der Stoff bei höheren Temperaturen einläuft. Es empfiehlt sich daher, alle Baumwollstoffe vor dem Nähen zu dämpfen oder zu waschen.

Beleg

Mit einem Beleg werden Kanten verstürzt. Die Belege können mit Vlieseline verstärkt werden, um ihnen Stabilität zu verleihen. Die Belege werden rechts auf rechts auf den Stoff gelegt, aufgesteppt, die Kanten zurückgeschnitten, die Ecken und Rundungen schräg abgeschnitten und anschließend gewendet. Die Nahtzugaben liegen dann innen und sind nicht mehr sichtbar.

Bezugsstoff

Zum Beziehen von Sesseln, Sofas oder Stuhlkissen verwendet man häufig sogenannte Möbelbezugsstoffe. Dabei handelt es sich um besonders strapazierfähige Stoffe, die nicht schnell durchscheuern oder ausleiern und somit ihre Form verlieren.

Bogenkante

Um eine geschwungene Stoffkante bei Rollos, Decken o. Ä. zu erzielen, werden zwei Schnittteile miteinander verstürzt. Das Verstürzen erfolgt meistens mit einem Beleg. Eine geschwungene Kante (Bogenkante) kann aber auch mit Schrägband eingefasst werden. Bei einer genähten Bogenkante müssen vor dem Wenden der Stoffteile unbedingt die Nahtzugaben auf 2 mm bis 3 mm

zurückgeschnitten, die Rundungen vorsichtig bis zur Nahtlinie eingeschnitten und alle Ecken schräg abgeschnitten werden.

Bohrmaschine

Mithilfe der Bohrmaschine bohren Sie Löcher in Werkstücke oder Wände. Je nach eingesetztem Bohrer (zum Beispiel Holz- oder Metallbohrer) lassen sich damit die Materialien unterschiedlich gut durchbohren, wobei Holzbohrer zum Beispiel eine Zentrierspitze haben, aber wirklich nur für Holz zu verwenden sind, Metallbohrer sind dafür robuster und bohren ebenfalls Holz.

F

Feststeppen, füßchenbreit

Manche Kanten werden nach dem Zusammennähen nochmals von der rechten Stoffseite abgesteppt. Dieses kann zur Zierde erfolgen, soll in vielen Fällen aber auch die Naht nochmals stabilisieren. Füßchenbreit bedeutet, dass die Steppnaht so breit wie Ihr Nähmaschinenfüßchen (0,75 cm) ist.

Feststeppen, knappkantig

Manche Kanten werden nach dem Zusammennähen nochmals von der rechten Stoffseite abgesteppt. Dieses kann zur Zierde erfolgen, soll in vielen Fällen aber auch die Naht nochmals stabilisieren. Knappkantig bedeutet, dass die Steppnaht nur 1 mm bis 3 mm breit ist.

H

Heißklebepistole

In die Heißklebepistole werden Heißklebepatronen eingeführt und aufgeheizt. Heißkleber dient dazu, sehr stabile Klebeverbindungen herzustellen. Da der Klebstoff beim Austreten aber sehr heiß ist, müssen Sie hier beim Arbeiten wirklich vorsichtig vorgehen, um sich nicht zu verbrennen.

Holzleiste

Holzleiste ist ein sehr allgemeiner Begriff. Grundsätzlich handelt es sich um ein 12 mm bis 38 mm starkes und 25 mm bis 63 mm breites Holzteil. Je nach Verwendungszweck unterscheidet man zwischen den Leistenrohlingen, Parkettleisten, Winkelleisten und vielen mehr.

Holzzuschnitt

Baumärkte bieten häufig den Service des Holzzuschnitts an, meist sogar kostenlos, sofern eine gewisse Holzmenge (zum Beispiel die komplette Platte) abgenommen wird. Bitte nehmen Sie diesen Service in Anspruch, Sie sparen dadurch viel Zeit und Mühe. Achten Sie aber darauf, dass Sie die Platten auch transportieren können müssen!

K

Kissen-Inlett

Die Füllungen für Kissenbezüge nennt man auch Inletts. Diese können zum einen aus Federn, andererseits aber auch aus Kunstfasern bestehen. Informieren Sie sich anhand der Herstellerangaben, ob das Inlett waschbar ist.

Kopieren

Mit speziellem Kopierpapier (Stoffabteilungen der Kaufhäuser) können Sie die Schnittmuster oder Schablonen mühelos abpausen. Das Papier ist sehr dünn und durchsichtig. Die abgepausten Schnittteile nach dem Ausschneiden unbedingt beschriften.

L

Links auf links

Bei „links auf links" ist das Aufeinanderlegen der beiden linken Stoffseiten gemeint. Es kommt relativ selten vor, dass man Stoffe links auf links zusammensteppt (zum Beispiel bei Paspelstreifen oder Säumen).

Litze

Als Litze bezeichnet man kleine, meist gewebte Bänder. Sie können als schmückendes Element von Hand oder mit der Maschine auf den Stoff aufgenäht werden. Litzen gibt es in unterschiedlichen Farben und Formen. Überprüfen Sie vor dem Aufnähen, ob die Litze farbecht ist und somit auch gewaschen werden kann.

N

Nähgarn

Nähgarn gibt es als Baumwollnähgarn oder auch als Synthetikgarn. Das Nähgarn sollte immer auf die Stoffqualität abgestimmt werden. Baumwollnähgarn kann beim Waschen einlaufen und dazu führen, das die Nähte anschließend kraus aussehen und bei Belastung reißen.

Nahtzugaben

Wenn ein Schnittteil zugeschnitten wird, benötigt man in fast allen Fällen Nahtzugaben. In der Regel reichen ringsum 1 cm breite Nahtzugaben aus. Die Nahtzugaben werden mit einem Lineal oder Geodreieck und Schneiderkreide angezeichnet. Entlang dieser Linie wird das Schnittteil aus dem Stoff zugeschnitten.

Nesselstoff

Hierbei handelt es sich um einen günstigen, meist beigefarbenen Baumwollstoff, den man für Probeschnitte verwendet.

P

Paspel

Paspeln sind schmale Stoffstreifen, die links auf links gebügelt und anschließend beim Zusammennähen zweier Stoffteile zwischengefasst werden. Sie haben nur einen schmückenden Charakter.

Pinsel

Je nach Verwendungszweck kommen unterschiedliche Pinsel zum Einsatz. Flachpinsel werden zum Beispiel gerne für Lackarbeiten eingesetzt, für gewölbte Objekte bieten sich eher Rundpinsel an. Unterschieden wird auch nach der Borstenart, also Naturborsten, synthetische Borsten oder Mischborsten.

R

Rechts auf rechts

„Rechts auf rechts" ist in der „Schneidersprache" ein gebräuchlicher Begriff. Man meint damit, dass zwei Stofflagen mit den rechten Stoffseiten aufeinander liegen. Sie werden dann aufeinander gesteppt, gewendet oder die Nahtzugaben auseinander gebügelt. Anschließend ist dann die rechte Seite (Vorderseite) des Stoffes wieder sichtbar.

Reihfaden

Um Stoffe einzukräuseln bzw. „einzureihen" kann man einen sogenannten Reihfaden (Kurzwarenabteilung) benutzen, man kann aber auch einen doppelten Nähgarnfaden einsetzen.

Reißverschluss

Reißverschlüsse gibt es aus Kunststoff und Metall. In den meisten Fällen verwendet man Kunststoffreißverschlüsse, denn sie sind wesentlich flacher und anschmiegsamer als Metallreißverschlüsse. Metallreißverschlüsse sind robuster und strapazierfähiger als Kunststoffreißverschlüsse. Reißverschlüsse gibt es in den unterschiedlichsten Farben und Längen. Man kann in einigen Grundfarben auch Kunststoffreißverschlüsse am laufenden Meter kaufen (Kurzwarenabteilungen, Stoffgeschäfte). Diese finden ihren Einsatz bei besonders langen Teilen. Sie können diese dann exakt auf Ihre Wunschlänge abschneiden lassen, ein Zipper wird mitgeliefert!

S

Saum

An vielen Schnittteilen gibt es Säume (Hosen, Röcke, Gardinen etc.). Sie sind wesentlich breiter als normale Nähte und Nahtzugaben, mindestens 3 cm breit, und stellen in den meisten Fällen die untere Stoffkante eines Schnittteils dar. Um beispielsweise 3 cm breite Säume zu erzielen, wird 6 cm von der Stoffkante entfernt eine Linie eingezeichnet. Hierzu benutzen Sie bitte Schneiderkreide. Dann wird der Stoff bis zu dieser Linie links auf links umgebügelt und festgesteppt. Die fertige Saumbreite beträgt nun 3 cm.

Schlaufenband

Schlaufenband bekommt man im Gardinenfachhandel oder in den jeweiligen Abteilungen der Kaufhäuser. Es handelt sich hierbei um ein dünnes Synthetikband, bei dem im regelmäßigen Abstand kleine Schlaufen eingewebt wurden. Das Band wird auf die Rückseite von Rollos aufgenäht. Durch die Schlaufen wird ein dünnes Band geführt (Rolloband aus Synthetik), welches beim Hochziehen der Bänder das Rollo in gleichmäßige Falten legt.

Schneiderkreide

Zum Anzeichnen von Nahtzugaben oder Säumen benutzt man Schneiderkreide. Diese Kreide lässt sich nach dem Nähen ausbürsten oder mit einem leicht feuchten Tuch entfernen. Neben der Schneiderkreide findet man in den Kurzwarenabteilungen zum Anzeichnen auch spezielle Filzstifte, die nach einer bestimmten Zeit von selbst wieder verschwinden.

Spanplatte

Spanplatten gibt es Holzhandel oder im Baumarkt. Es handelt sich hierbei um günstige Holzplatten, die aus Holzstückchen zusammengepresst wurden.

Stehsaum

Ein Stehsaum ist ein recht breiter Saum, der nach dem Zusammennähen oder Verstürzen von zwei Schnittteilen nochmals breit abgesteppt wird. Stehsäume findet man häufig bei Kissen und Decken.

Steppen/Steppstich

Steppen ist eine andere Bezeichnung für Nähen. Nähte können gesteppt oder genäht werden. Damit ist fast immer das Zusammenfügen von zwei Stoffteilen gemeint.

Stichsäge

Die Stärke der Stichsäge liegt darin, dass man aus dünnen Platten/Brettern oder auch Balken geformte Teile aussägen kann, ebenso bei vorheriger Bohrung auch Teile aus dem Inneren. Dafür bohren Sie ein Loch in die auszusägende Innenfläche, stecken das Sägeblatt durch und sägen von da aus zu der markierten Linie. Gerade Schnitte gelingen nur mithilfe eines Führungsanschlags.

Stoffseiten

Jeder Stoff hat eine rechte und eine linke Stoffseite. Die rechts Stoffseite ist die vordere Seite, also die später sichtbare Seite. Die linke Stoffseite ist die innen liegende Stoffseite. Sie ist in den meisten Fällen nach dem Nähen nicht mehr sichtbar. Soll ein Stoff also zum Beispiel rechts auf rechts gelegt werden, so ist damit gemeint, dass die beiden Stofflagen so aufeinander liegen müssen, dass die rechte Stoffseite auf der rechten Stoffseite liegt.

T

Tacker

Mithilfe des Tackers werden Tackerklammern fixiert. Man unterscheidet zwischen Handtackern und Elektrotackern. Meist lassen sich die Klammern aber problemlos in Holz anbringen.

V

Verriegeln

Jede Naht wird am Anfang und am Ende verriegelt. Das heißt, dass Sie beim Nähen nach ca. drei bis vier Stichen die „Rückwärtstaste" betätigen und dieses Stückchen Naht nochmals in die entgegengesetzte Richtung nähen. Dadurch wird verhindert, dass sich die einzelnen Stiche wieder auflösen. Verriegelt wird am Anfang und Ende jeder Naht doppelt.

Versäubern

Unter „Versäubern" versteht man das Umstechen der fertig zugeschnittenen Schnittteile mit einem Zickzackstich oder einem speziellen Versäuberungsstich. Dadurch wird verhindert, dass der Stoff an den Kanten ausfranst und sich die Nähte auflösen. Kanten, die mit Schrägbändern, Belegen oder Säumen weiterverarbeitet werden, müssen nicht versäubert werden.

Verstürzen

Unter Verstürzen versteht man das Zusammensteppen von zwei Stoffteilen, die nach dem Steppen gewendet werden und dabei die Nahtränder einschließen. Die Naht wird also von den beiden Stofflagen eingeschlossen und ist dadurch nicht mehr sichtbar. Die Nahtzugaben werden vor dem Wenden zurückgeschnitten. Rundungen und Ecken müssen auf 2 mm zurück- und bis zur Nahtlinie eingeschnitten werden. Anschließend die Ecken mit einer Schere vorsichtig herausdrücken. Nach dem Wenden die Kanten sorgfältig bügeln und auf Wunsch absteppen.

Vlieseline

Vlieseline ist ein Fasermaterial, welches zum Verstärken bzw. zum Versteifen von Stoffen benötigt wird. In den meisten Fällen ist auf der Rückseite eine Klebeschicht aufgebracht, die sich beim Bügeln verflüssigt und auf dem Stoff haften bleibt. Vlieseline wird immer auf die linke Stoffseite aufgebügelt. Sie sollten stets die Herstellerangaben beachten (Aufdruck an den Rändern) und die Vlieseline unbedingt mithilfe eines Tuchs aufbügeln.

Vliesofix®

Vliesofix® ist ein Faserverbundmaterial, welches hauptsächlich zum Applizieren oder zum Fixieren von zwei Stofflagen verwendet wird. Es hat auf der Rückseite eine Papierschicht, die nach dem Zuschneiden und Aufbügeln entfernt wird. Auf die Papierseite können Konturen mit einem Bleistift aufgemalt werden.

Volumenvlies

Um genähten Sachen (Decken, Tischsets, Taschen, Kissen etc.) einen voluminösen Charakter zu verleihen, wird auf die linke Seite Volumenvlies aufgebügelt oder beim Nähen mitgefasst. Volumenvlies gibt es in den unterschiedlichsten Stärken, von sehr bauschig bis sehr dünn. Man kann außerdem zwischen Bügelvlies oder einem Volumenvlies zum Aufnähen wählen. Das Bügelvlies wird mit einem Tuch aufgebügelt (siehe Herstellerangaben), das Volumenvlies ohne Klebeschicht wird beim Nähen mitgefasst und muss anschließend nochmals mit den einzelnen Stofflagen verbunden werden. Dadurch wird vermieden, dass sich das Vlies beim Waschen löst und zwischen den Stofflagen verrutscht.

Z

Zickzackstich

Der Zickzackstich ist ein sogenannter Nutzstich an Ihrer Nähmaschine, der zum Versäubern oder „Abketteln" von Schnittkanten (Nahtzugaben) eingesetzt wird. Die offenen Stoffkanten werden mit dem Zickzackstich übernäht, damit sie beim späteren Tragen und Waschen nicht ausfransen. Der Zickzackstich kann individuell eingestellt werden.

Verarbeitungszeichnungen & Schnittmuster

Zeichnung 1: Bänder steppen/Variante a

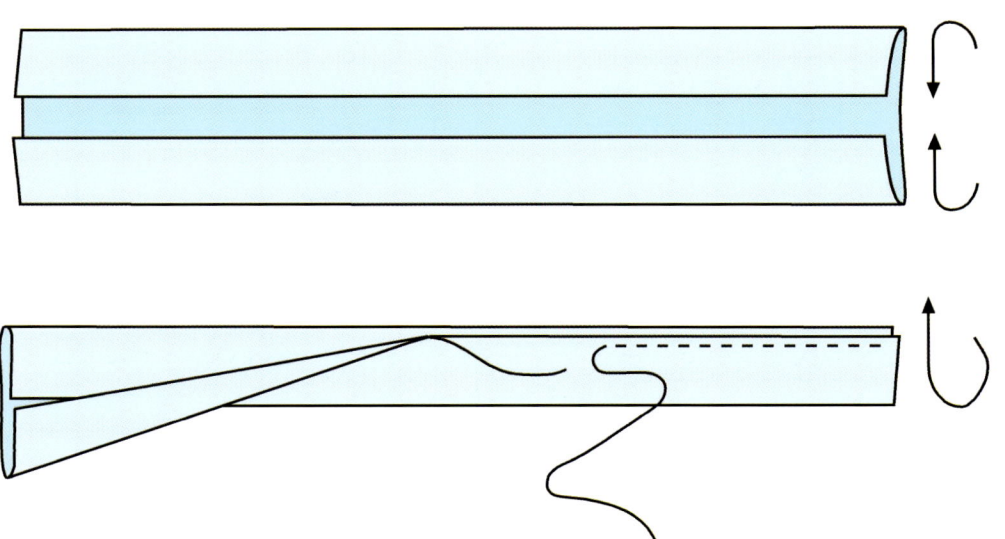

Zeichnung 2: Bänder steppen/Variante b

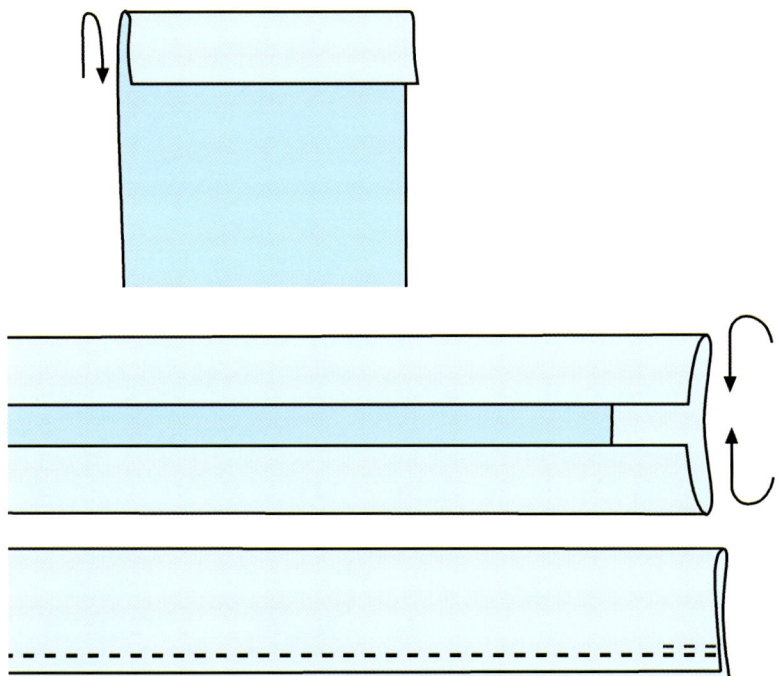

Zeichnung 3: Bänder verstürzen

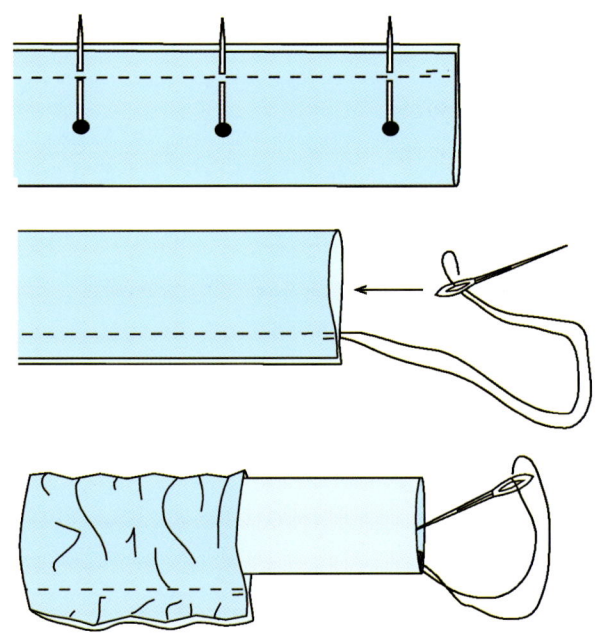

Zeichnung 4: Reißverschluss zwischen zwei Nähten einnähen*

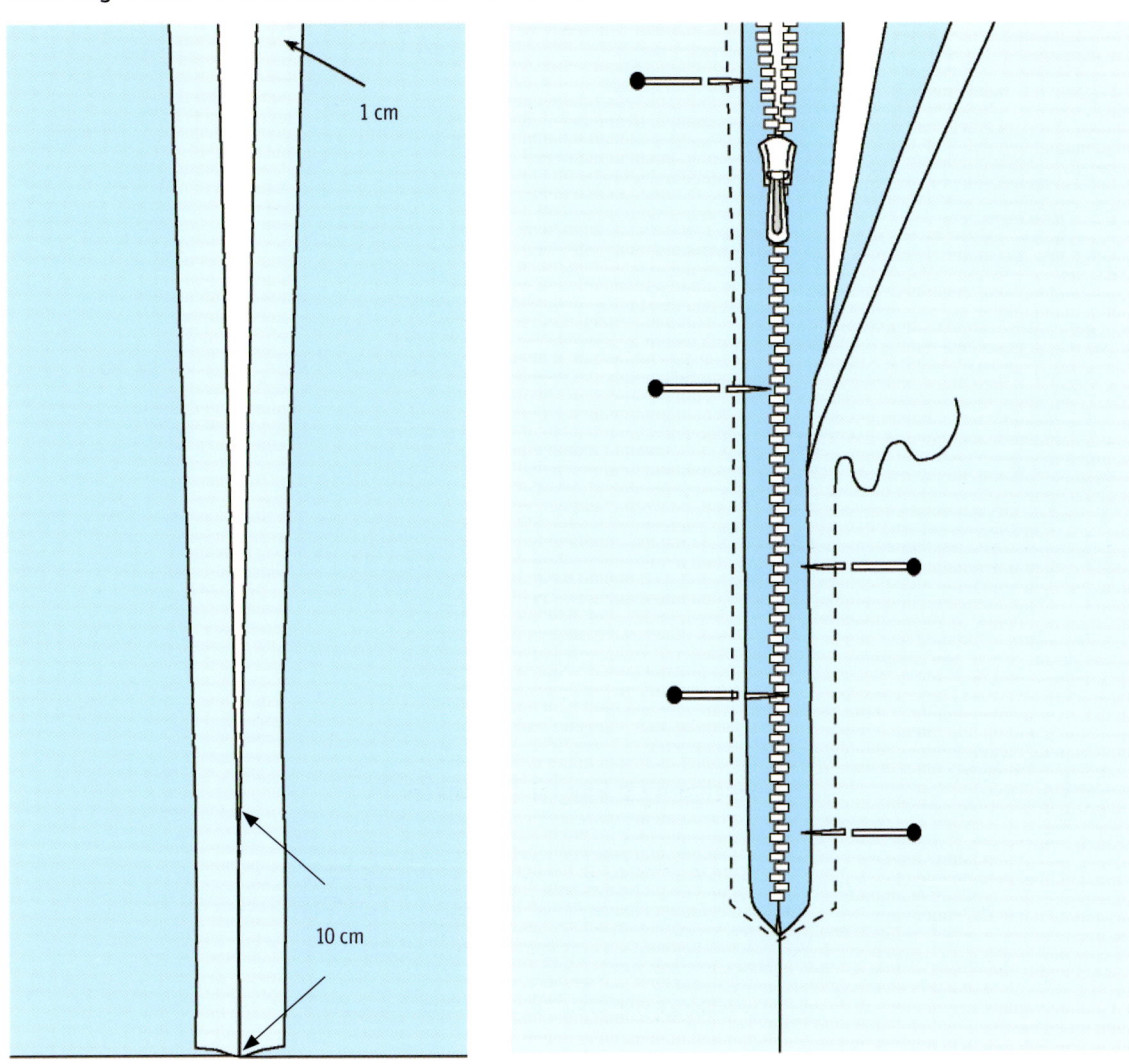

1 cm

10 cm

* Achtung, bei der unteren cm-Angabe bitte am jeweiligen Anleitungstext orientieren.

Zeichnung 5: Reißverschluss verdeckt zwischen zwei Nähten eingenäht

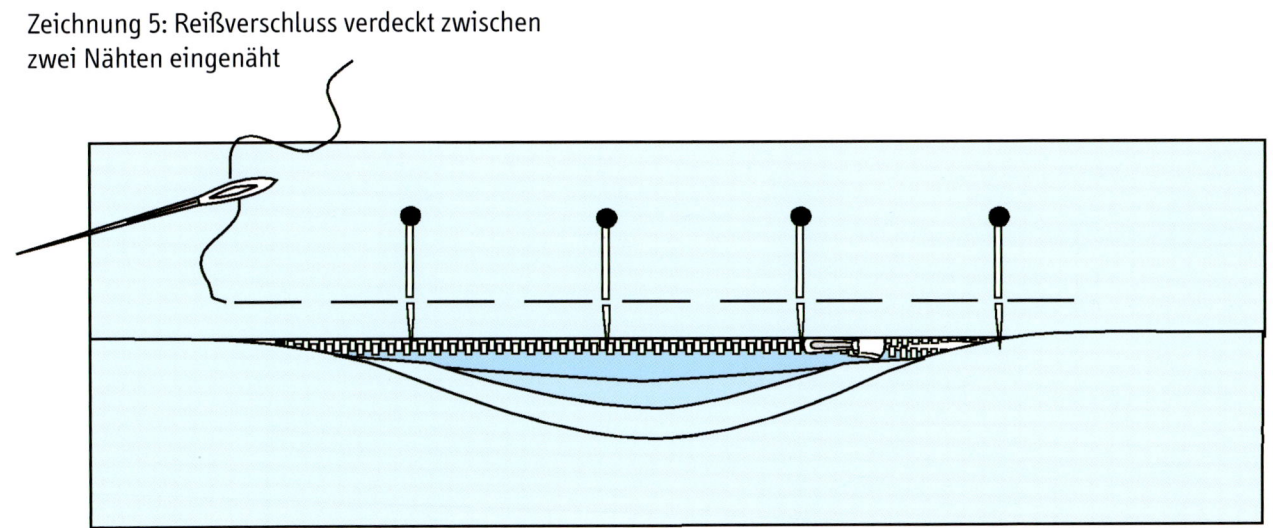

Zeichnung 6: Kante mit Schrägband/Paspelstreifen versäubern/ Variante a

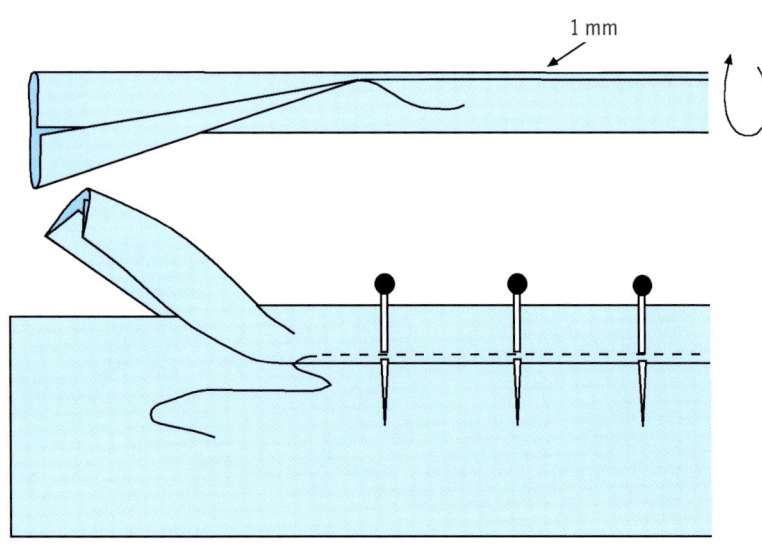

Zeichnung 7: Kante mit Schrägband/Paspelstreifen versäubern/ Variante b

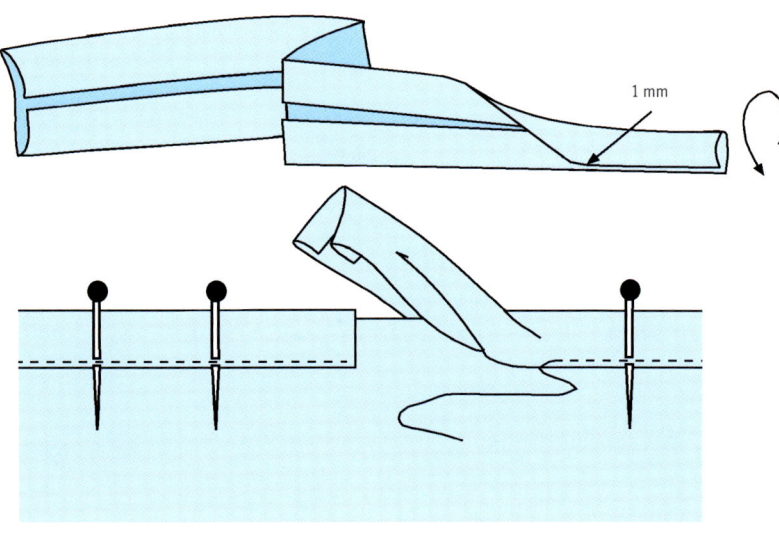

Zeichnung 8: Schrägstreifen bzw. Paspel zwischenfassen

Zeichnung 9: Hotelverschluss

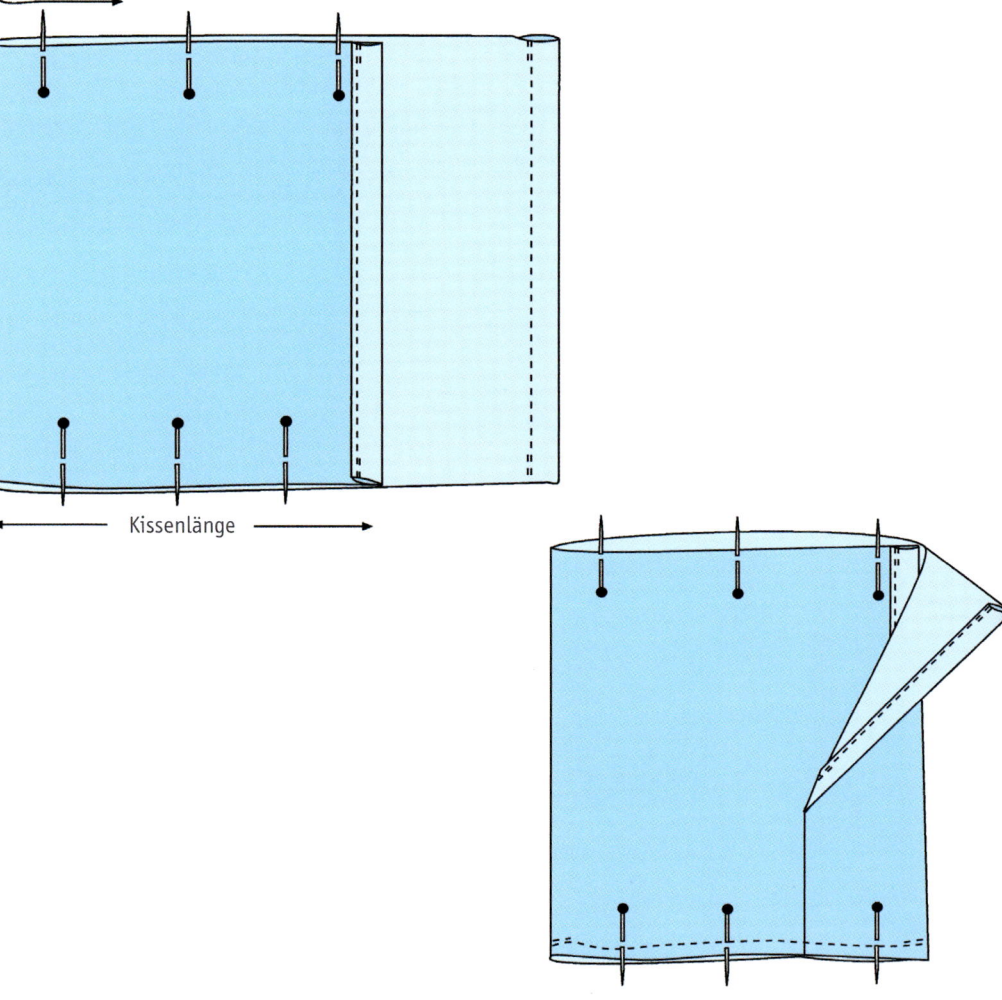

Kissenlänge

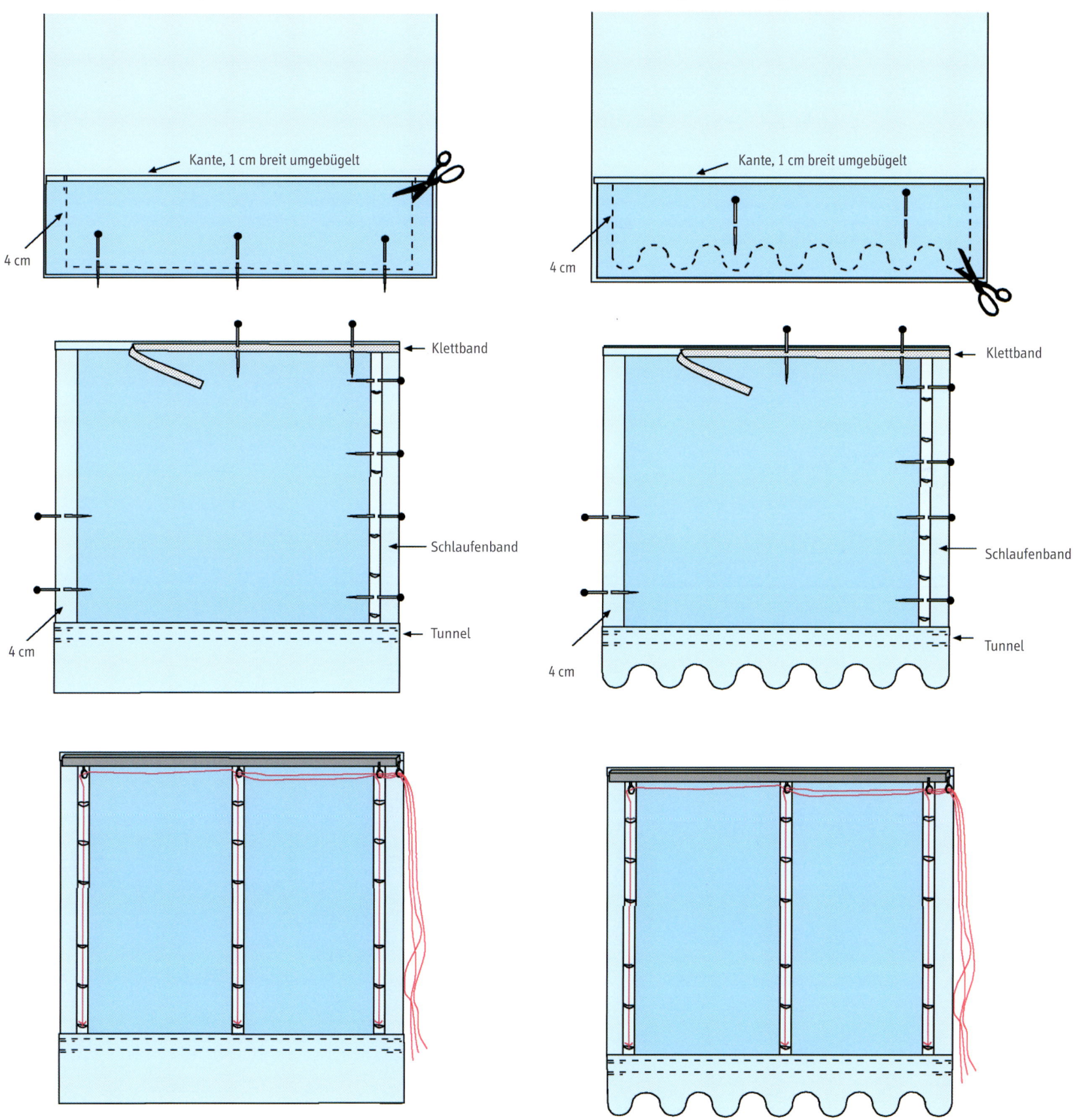

Zeichnung 10: Rollo, gerade Kante

Kante, 1 cm breit umgebügelt

4 cm

Klettband

Schlaufenband

Tunnel

4 cm

Zeichnung 10: Rollo, Bogenkante

Kante, 1 cm breit umgebügelt

4 cm

Klettband

Schlaufenband

Tunnel

4 cm

149

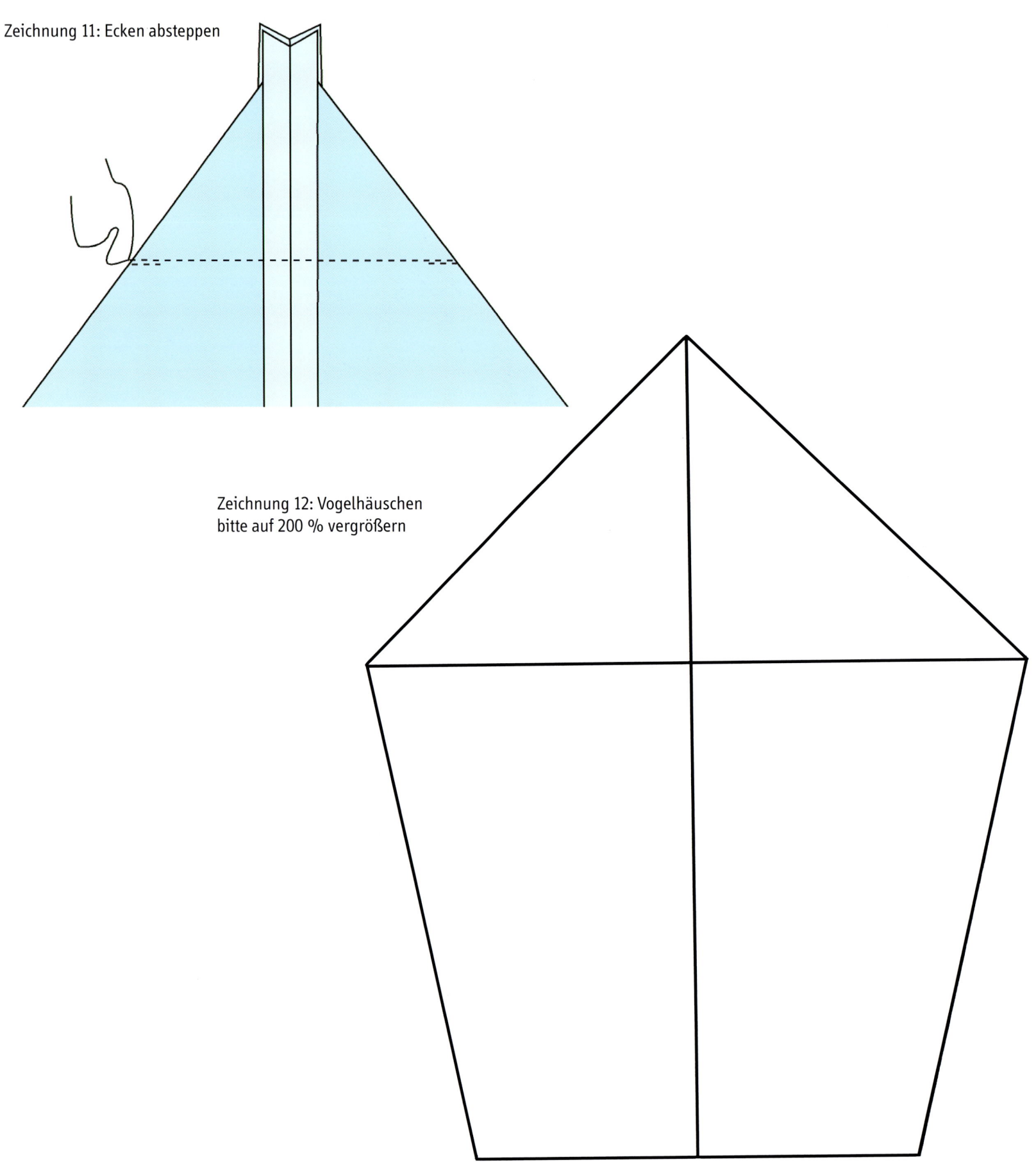

Zeichnung 11: Ecken absteppen

Zeichnung 12: Vogelhäuschen
bitte auf 200 % vergrößern

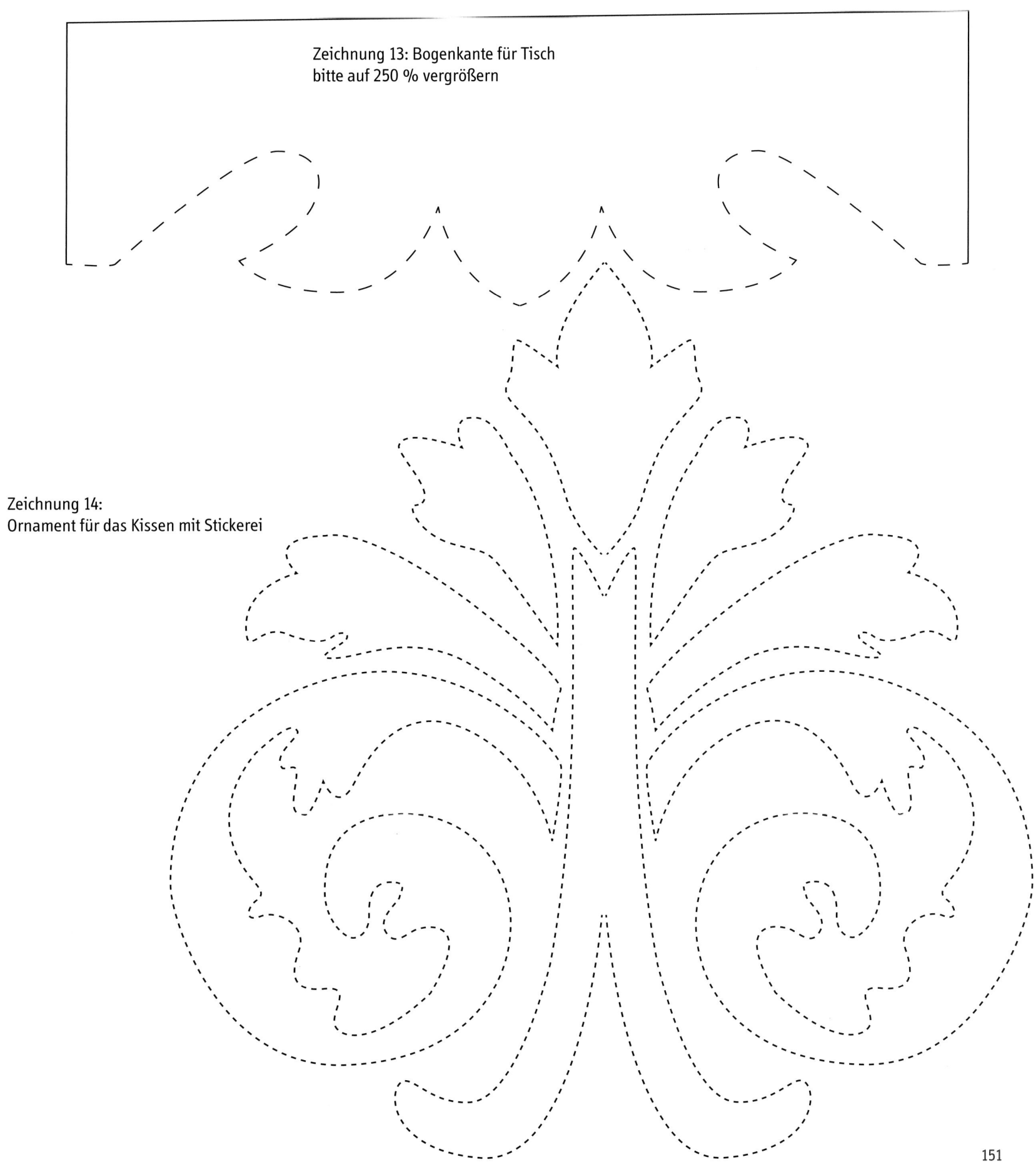

Zeichnung 13: Bogenkante für Tisch
bitte auf 250 % vergrößern

Zeichnung 14:
Ornament für das Kissen mit Stickerei

151

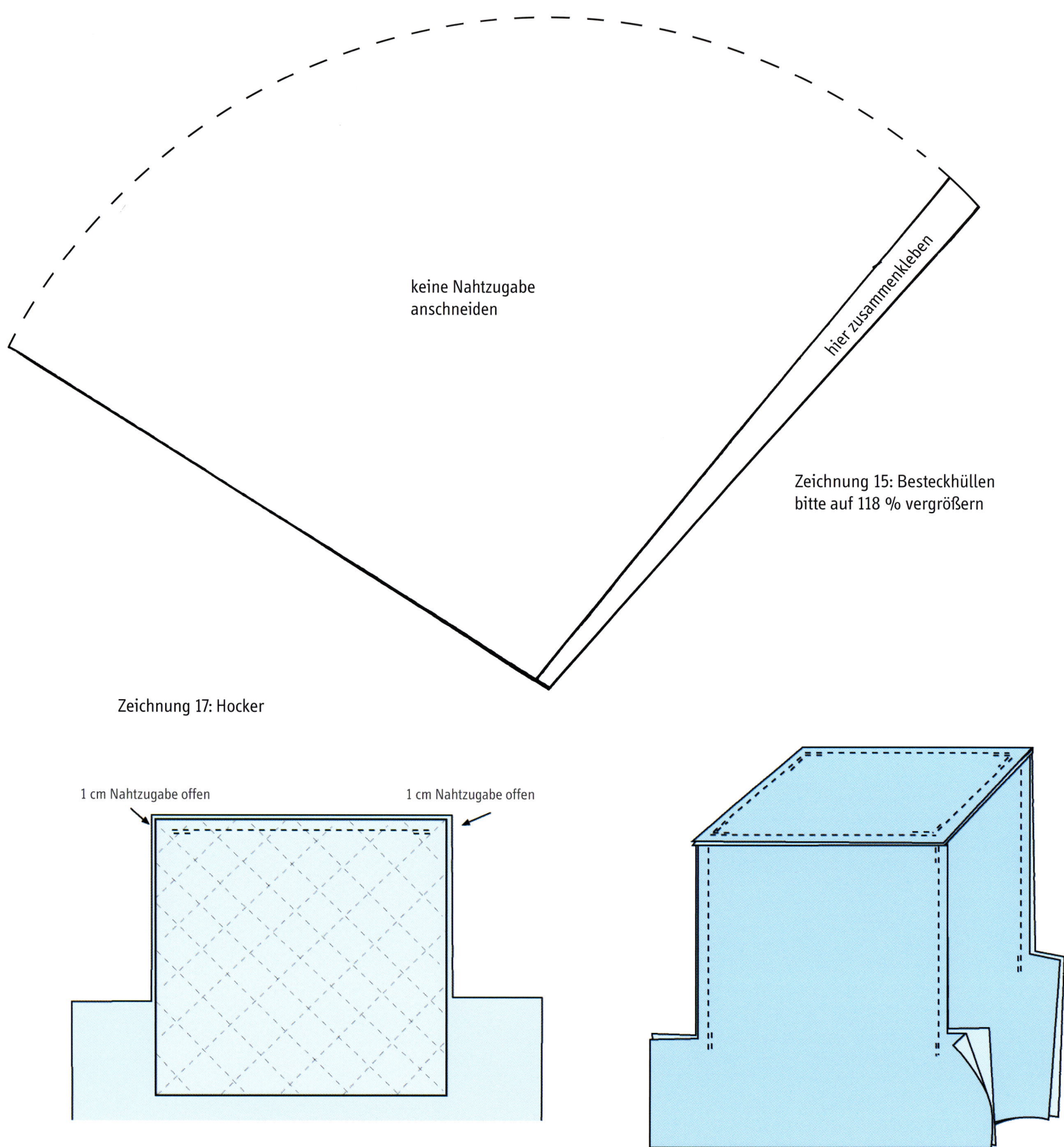

keine Nahtzugabe
anschneiden

hier zusammenkleben

Zeichnung 15: Besteckhüllen
bitte auf 118 % vergrößern

Zeichnung 17: Hocker

1 cm Nahtzugabe offen   1 cm Nahtzugabe offen

Zeichnung 16: Zuschnitt Beleg und Seitenteile/Hocker

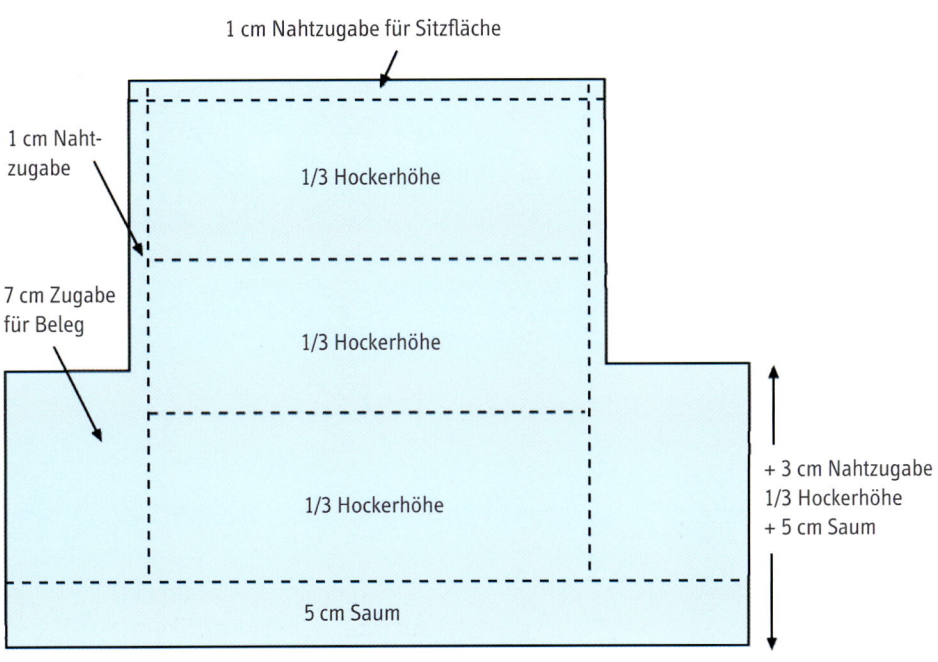

1 cm Nahtzugabe für Sitzfläche

1 cm Naht-
zugabe

1/3 Hockerhöhe

7 cm Zugabe
für Beleg

1/3 Hockerhöhe

1/3 Hockerhöhe

+ 3 cm Nahtzugabe
1/3 Hockerhöhe
+ 5 cm Saum

5 cm Saum

Zuschnitt Beleg

3 cm Nahtzugabe

1/3 Hockerhöhe

5 cm Saum

Zeichnung 18:
Stehsammler-Aufkleber

Zeichnung 19: Betthaupt-Vorlage
bitte auf 200 % vergrößern

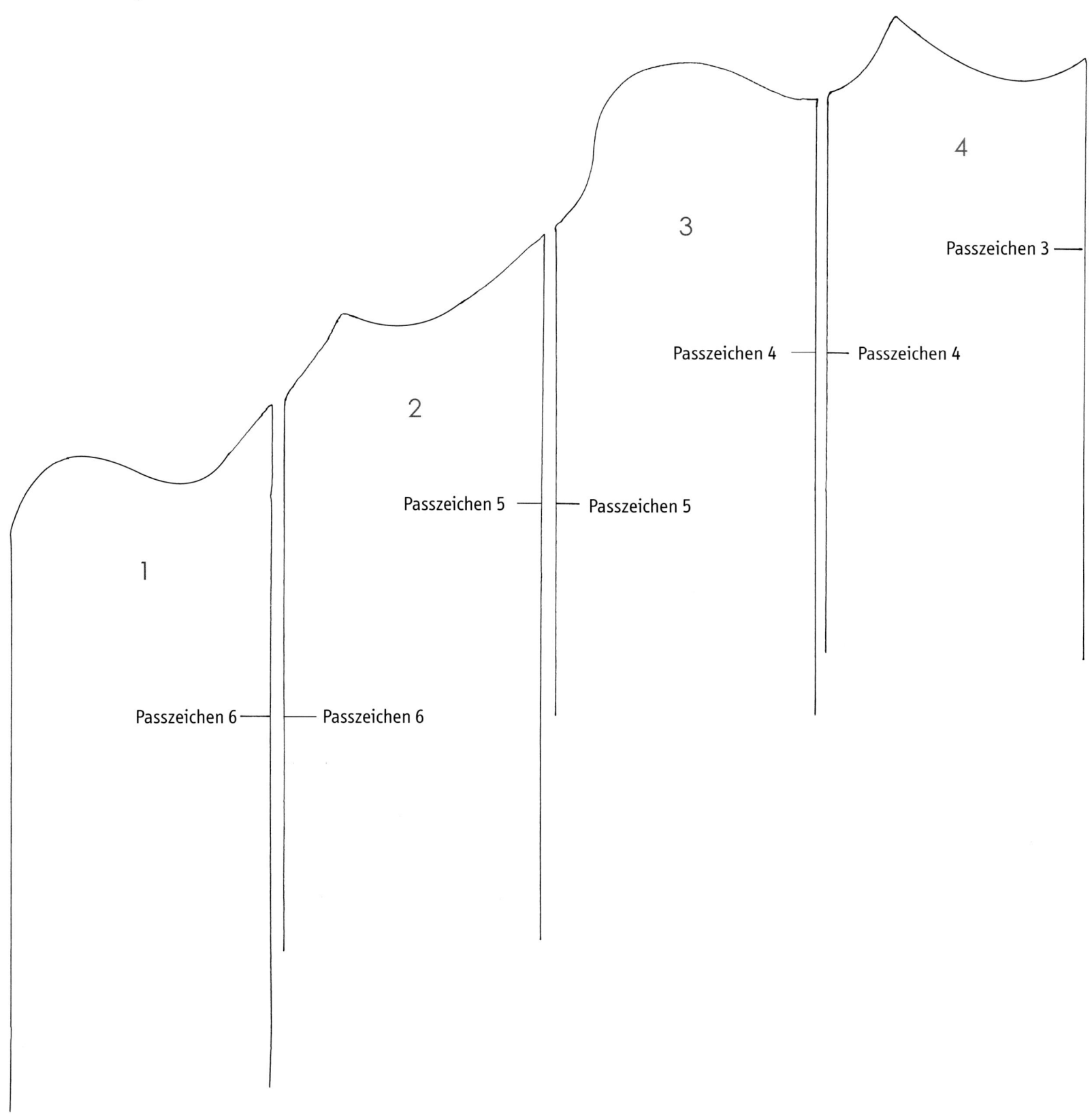

1

2

3

4

Passzeichen 3 ——

Passzeichen 4 —— —— Passzeichen 4

Passzeichen 5 —— —— Passzeichen 5

Passzeichen 6 —— —— Passzeichen 6

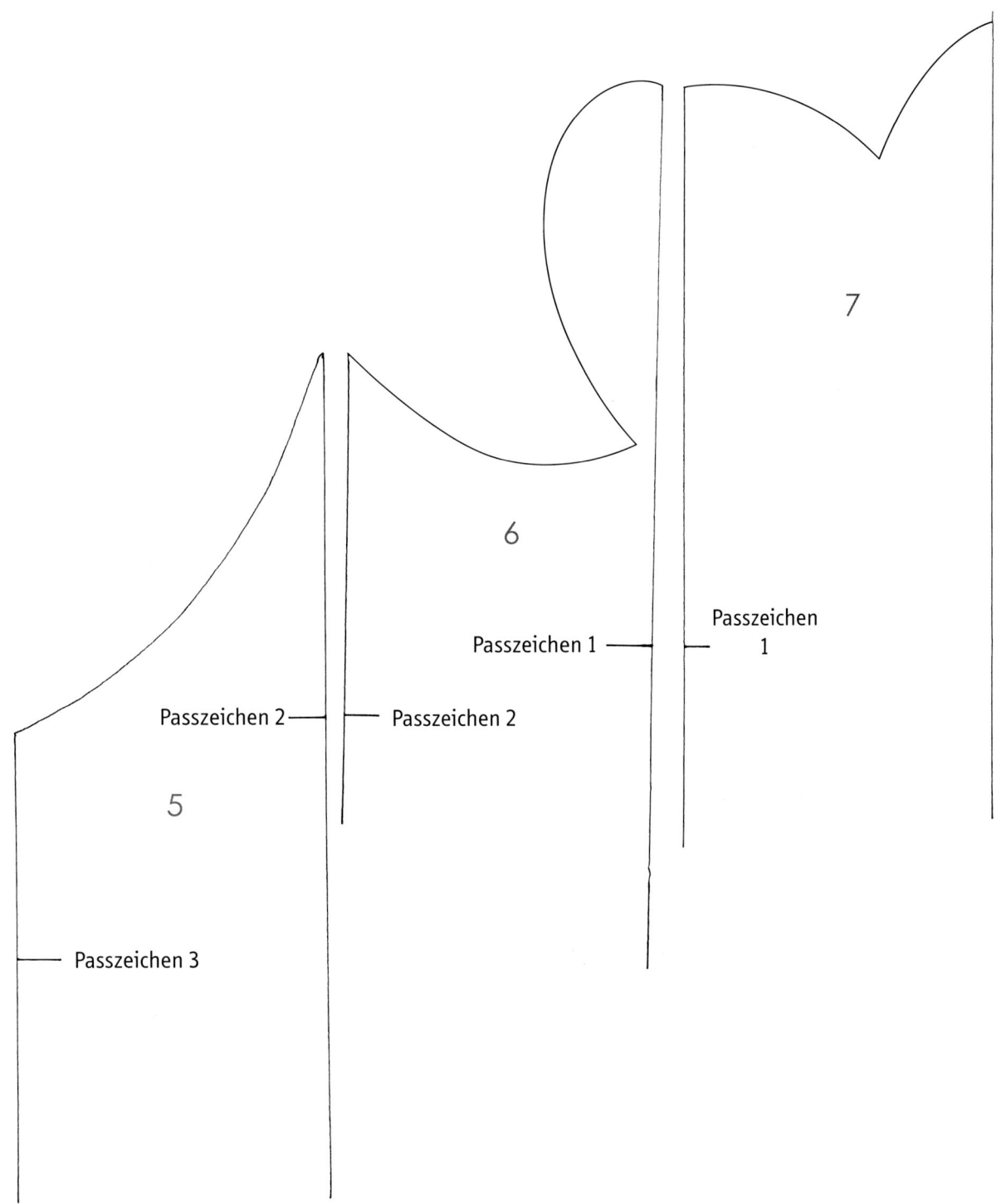

5

Passzeichen 3

6

Passzeichen 2 —|— Passzeichen 2

7

Passzeichen 1 —|— Passzeichen 1

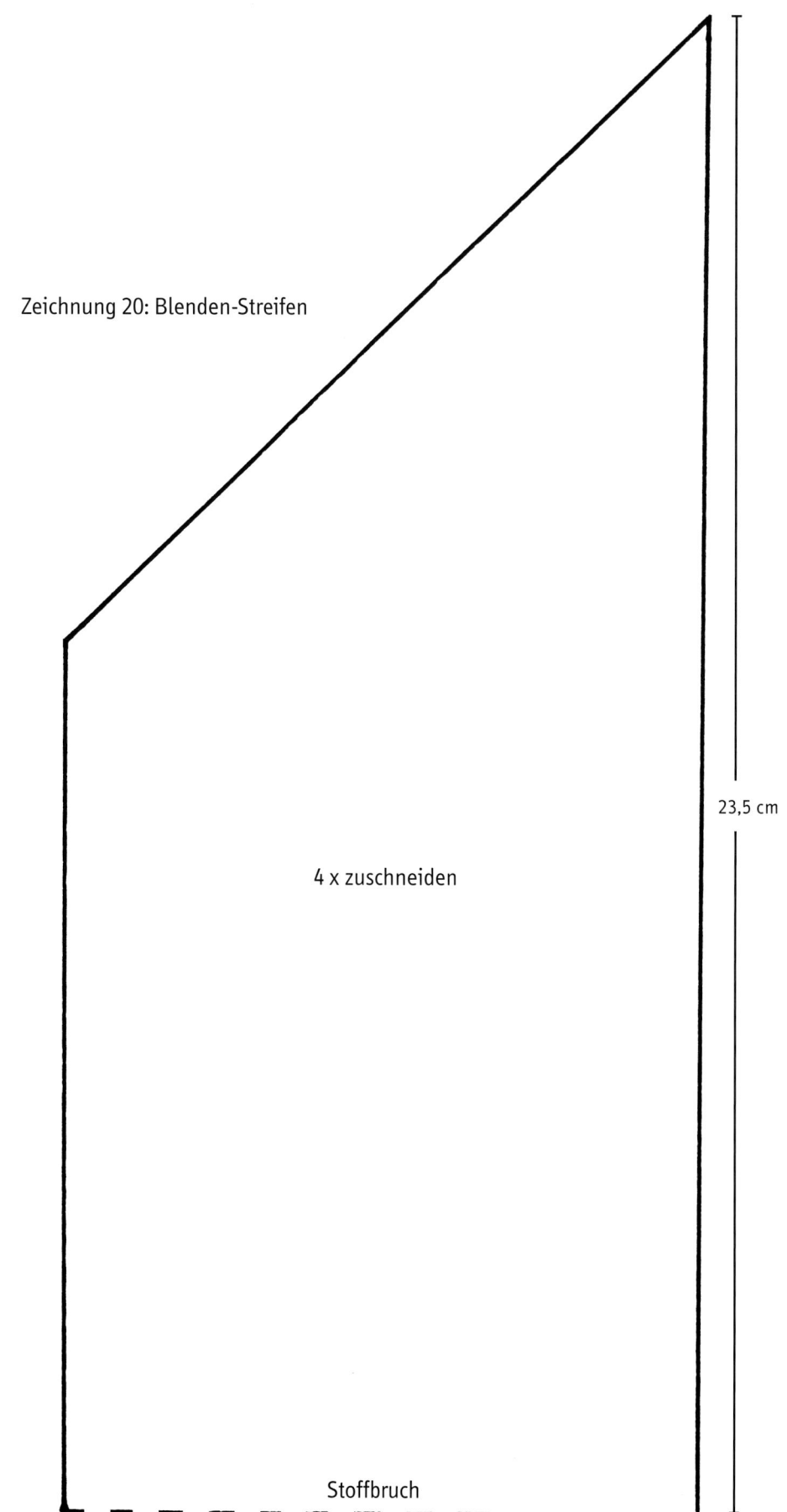

Zeichnung 20: Blenden-Streifen

4 x zuschneiden

23,5 cm

Stoffbruch

Zeichnung 21: Blumen-Applikation

1

2

3

ohne Nahtzugabe
zuschneiden

6

5

4

Zeichnung 22: Schmetterling

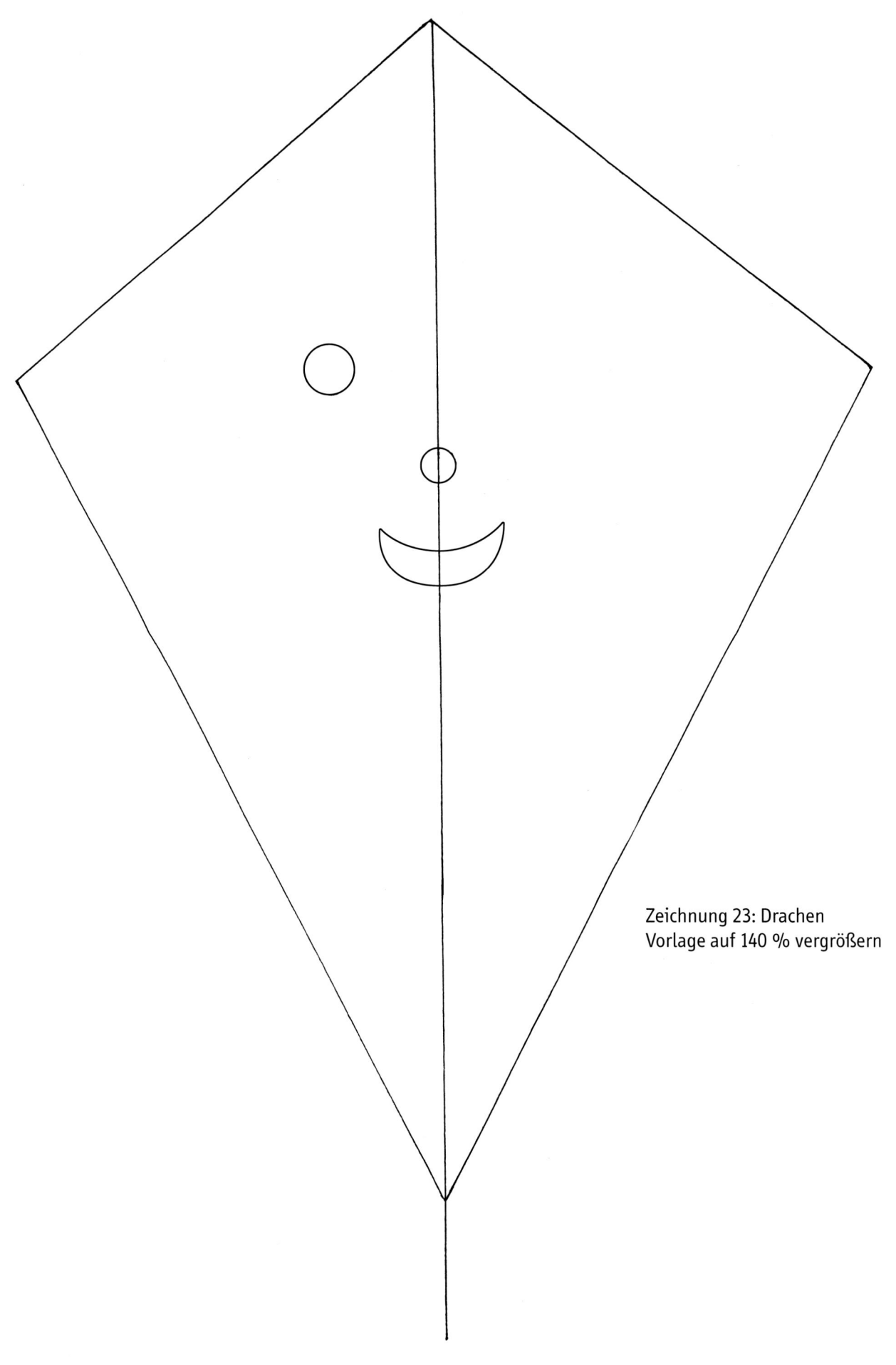

Zeichnung 23: Drachen
Vorlage auf 140 % vergrößern

Zeichnung 24: Smoken

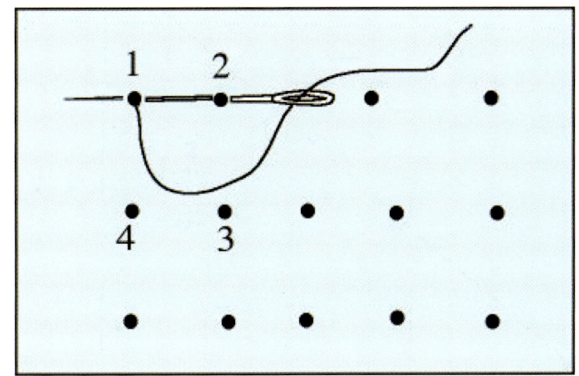

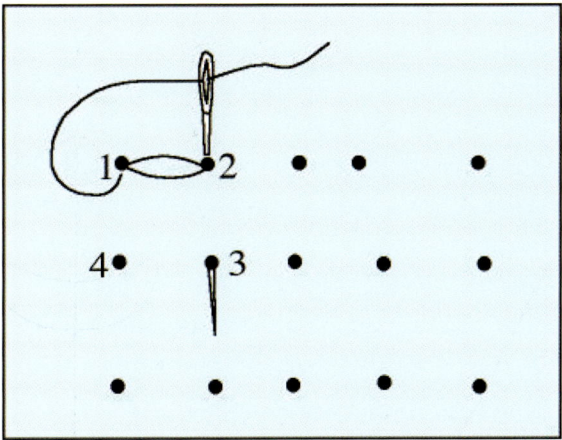

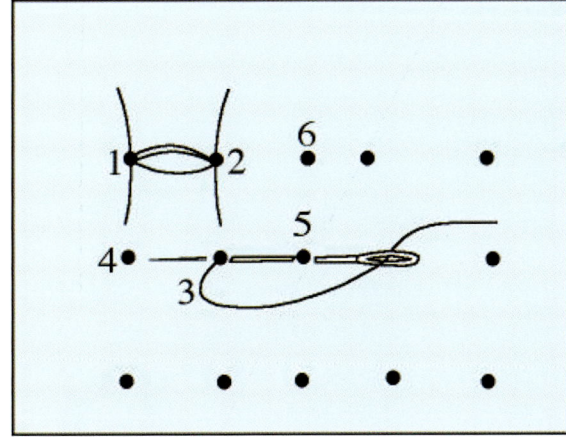

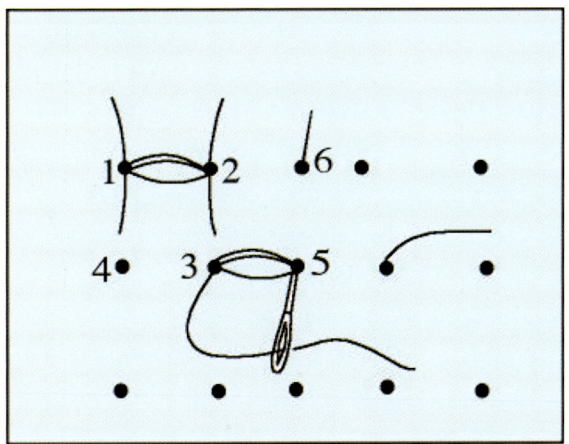

Vita

Frau Ruth Laing (Jahrgang 1966) ist verheiratet und hat drei Kinder. Nach ihrem Abitur absolvierte sie zuerst eine Schneiderlehre, bevor sie Maschenkonfektionstechnik sowie Bekleidungstechnik studierte. Danach arbeitete sie als technische Redakteurin bei einem bekannten Modeverlag, bevor sie freiberufliche Autorin für diverse Zeitschriften- und Buchverlage wurde. 2009 erschien von ihr bereits das Buch „Wohnwelten mit Stoff" (ISBN 978-3-7724-6807-0) beim frechverlag.

Danksagung

Mein Dank geht zunächst an alle, die zum Gelingen dieses Buches in vielfältiger Weise beigetragen haben.

Mein besonderer Dank geht an meine Familie, die mein turbulentes Treiben geduldig ertragen hat und die mir bei „Engpässen" stets zur Seite stand.

Ein herzliches Dankeschön geht an den Fotografen Markus Bassler vom Moon dog Studio in Frankfurt, der meine Wünsche stets erfüllte und die Arbeit während der Fotoshootings mit seinen kreativen Ideen in höchstem Maße bereicherte. Nochmals Danke!!!!!

Bedanken möchte ich mich auch bei den Familien Czaja und Heindson, in deren Haushalten ich mich mal richtig austoben durfte. Danke für eure Geduld und danke dafür, dass ihr meine häufigen „Besuche" so tapfer hingenommen habt. Danke auch dafür, dass ihr mir auch heute noch die Türe öffnet! Danke auch an Henrike, Charlotte und Paul, ihr wart angenehme „Klienten" und ich hoffe, ihr fühlt euch noch lange Zeit wohl in euren Zimmern!

Danke auch an die Firma Stoff & Stil für die Bereitstellung verschiedener Stoffe.

Hilfestellung zu allen Fragen, die Materialien und Kreativbücher betreffen: Frau Erika Noll berät Sie. Rufen Sie an: 05052/911858*

*normale Telefongebühren

Impressum

PROJEKTMANAGEMENT UND KONZEPTION: Hannelore Irmer-Romeo

LEKTORAT: Redaktionsbüro Kim Marie Krämer, 70771 Leinfelden-Echterdingen

LAYOUT: Heike Köhl

FOTOS: moon dog Studios, Markus Bassler; Fotostudio Eugen Sommer (S. 9, 14, 15, 140–142); fotolia/cygnusx (lilafarbener Samt, S. 11), fotolia/Asli Demirkan (Nähgarnrollen-Farbkreis, S. 8, 10), fotolia/ernstboese (Stoffe, S. 15), fotolia/eyewave (rote Rosen, S. 8, 10), fotolia/Oliver Le Moal (Sonnenblume, S. 8, 10), fotolia/Grapapple Blossom 1 (pinkfarbene Blume, S. 11), fotolia/Jaroslaw Grudzinski (Schneelandschaft, S. 11), fotolia/HLPhoto (Zimt, S. 11), fotolia/Liga Lauzuma (Sonnenuntergang), S. 10, fotolia/Stuart Monk (Blatt, S. 11), fotolia/Noam (Steine, S. 11), fotolia/M. Rosenwirth (Strand, S. 11), fotolia/Sly (Himmel, S. 8, 11), fotolia/zentilia (Schirme, S. 12)

ENTWÜRFE, STYLING, ZEICHNUNGEN: Ruth Laing

DRUCK UND BINDUNG: L.E.G.O. S.p.A., Vicenza, Italien

Auflage: 5. 4. 3. 2. 1.
Jahr: 2014 2013 2012 2011 2010 [Letzte Zahlen maßgebend]

© 2010 frechverlag GmbH, 70499 Stuttgart

ISBN 978-3-7724-6817-9 • Best.-Nr. 6817